HEINZ-EBERHARD KITZ

Die Notstandsklausel des Art. 15
der Europäischen Menschenrechtskonvention

Schriften zum Völkerrecht

Band 76

Die Notstandsklausel des Art. 15
der Europäischen Menschenrechtskonvention

Von

Dr. Heinz-Eberhard Kitz

DUNCKER & HUMBLOT / BERLIN

D 16

Alle Rechte vorbehalten
© 1982 Duncker & Humblot, Berlin 41
Gedruckt 1982 bei Buchdruckerei A. Sayffaerth - E. L. Krohn, Berlin 61
Printed in Germany

ISBN 3 428 05118 1

Vorwort

Die Arbeit hat im Wintersemester 1980/81 der Juristischen Fakultät der Ruprecht-Karl-Universität in Heidelberg als Dissertation vorgelegen.

Meinem verehrten Lehrer, Herrn Professor Dr. Hermann Mosler, bin ich für seine stets wohlwollende Förderung und hilfreiche Unterstützung zu großem Dank verpflichtet.

Mein Dank gilt ferner Herrn Professor Dr. Rudolf Bernhardt, der mir während meiner Tätigkeit am Heidelberger Max-Planck-Institut für ausländisches öffentliches Recht und Völkerrecht die Zeit zur Fertigstellung beließ und die Erstattung des Zweitgutachtens übernommen hat.

Schließlich danke ich den Mitarbeitern der Europäischen Menschenrechtskommission und des Europäischen Gerichtshofes für Menschenrechte in Straßburg für ihre diversen Hilfeleistungen.

Das Manuskript wurde im Herbst 1980 abgeschlossen. Zwischenzeitlich eingetretene Entwicklungen konnten in den Anmerkungen berücksichtigt werden.

Heidelberg, im Juni 1982

Heinz-E. Kitz

Inhaltsübersicht

Einleitung 11

Erstes Kapitel
Die Prüfungsbefugnis der Konventionsorgane im Rahmen des Art. 15 MRK

1. Das Meinungsspektrum im Fall Lawless 15
   a) Standpunkt der irischen Regierung 15
   b) Standpunkt der Kommission 16
   c) Standpunkt des Beschwerdeführers Lawless 17
   d) Standpunkt des Gerichtshofs 17
2. Stellungnahme 18
   a) Ausschluß der Prüfungsbefugnis unter dem Gesichtspunkt des staatlichen „domaine réservé"? 18
   b) Anwendbarkeit der „political question doctrine"? 19
   c) „Theorie des guten Glaubens" 20
   d) „Theorie vom Ermessensspielraum" 21
3. Der französische Vorbehalt zu Art. 15 MRK und seine Auswirkung auf die Prüfungsbefugnis der Konventionsorgane 24
   a) Bedenken gegen den Vorbehalt 25
   b) Umfang des Vorbehalts 25
   c) Anzuwendendes Prüfungsschema 28

Zweites Kapitel
Die materiellen Voraussetzungen der Suspendierungsmaßnahmen

1. Krieg 30
2. Notstand 32
   a) Die Rechtsprechung der Konventionsorgane 32
   b) Der Notstandsbegriff des Art. 15 MRK 36

Drittes Kapitel

Der zulässige Umfang der Suspendierungsmaßnahmen

1. Das Übermaßverbot 39
   a) Bedeutung des Verbots 39
   b) Die Rechtsprechung der Konventionsorgane 40

2. Beachtung sonstiger völkerrechtlicher Verpflichtungen 42
   a) Die Genfer Rotkreuz-Abkommen 43
   b) Der UN-Pakt über bürgerliche und politische Rechte 44

3. Beachtung immanenter Schranken? 46
   a) Theorie von den „inherent limitations" 46
   b) Anwendbarkeit der Theorie im Fall des Art. 15 MRK? 48

Viertes Kapitel

Die notstandsfesten Grundrechte

1. Das Recht auf Leben (Art. 2 MRK) 50
   a) Umfang der staatlichen Schutzpflicht 50
   b) Schutz des keimenden Lebens 52
   c) Todesstrafe 54
   d) Die Ausnahmen des Art. 2 Abs. 2 MRK 56
   e) Tötung im Rahmen rechtmäßiger Kriegshandlungen 57

2. Das Folterverbot (Art. 3 MRK) 58
   a) Unmenschliche Behandlung oder Strafe 59
   b) Erniedrigende Behandlung oder Strafe 62
   c) Folter 64

3. Das Sklavereiverbot (Art. 4 Abs. 1 MRK) 66

4. Das Verbot rückwirkender Strafgesetze (Art. 7 MRK) 67
   a) Garantie des Art. 7 Abs. 1 MRK 67
   b) Ausnahme des Art. 7 Abs. 2 MRK 69

5. Notstandsfeste Grundrechte außerhalb des Art. 15 Abs. 2 MRK? 70

Inhaltsübersicht 9

Fünftes Kapitel

Die sonstigen Schranken des Art. 15 MRK

1. Das Diskriminierungsverbot (Art. 14 MRK) 71
2. Das Verbot mißbräuchlicher Rechtsausübung (Art. 17 MRK) 74
3. Das Verbot des „détournement de pouvoir" (Art. 18 MRK) 76
4. Die Grundsätze der „demokratischen Gesellschaft" 76
   a) Begriff der „demokratischen Gesellschaft" 78
   b) Bedeutung des Begriffs im Rahmen des Art. 15 MRK 79

Sechstes Kapitel

Die Benachrichtigungspflicht des betreffenden Staates

1. Umfang der Benachrichtigungspflicht............................... 83
2. Verletzung der Benachrichtigungspflicht 87
3. Aufgabe des Generalsekretärs 90

Zusammenfassung und Ergebnisse 93

Anhang 96

Literaturverzeichnis 100

Abkürzungsverzeichnis

AFDI	=	Annuaire Français de Droit International
AJIL	=	American Journal of International Law
AöR	=	Archiv des öffentlichen Rechts
BGBl.	=	Bundesgesetzblatt
BVerfGE	=	Entscheidungen des Bundesverfassungsgerichts
BYIL	=	British Year Book of International Law
BVerfG	=	Bundesverfassungsgericht
BVerwG	=	Bundesverwaltungsgericht
CD	=	European Commission of Human Rights, Collection of Decisions
CEDH, Série A	=	Publications de la Cour Européenne des Droits de l'Homme, Série A: Arrêts et décisions
CEDH, Série B	=	Publications de la Cour Européenne des Droits de l'Homme, Série B: Mémoires, plaidoiries et documents
D. P.	=	Recueil périodique et critique Dalloz (vor 1941)
DR	=	European Commission of Human Rights, Decisions and Reports
ECHR	=	European Commission of Human Rights
EGMR	=	Entscheidungen des Europäischen Gerichtshofes für Menschenrechte
EuGRZ	=	Europäische Grundrechte Zeitschrift
GG	=	Grundgesetz für die Bundesrepublik Deutschland
HLKO	=	Haager Landkriegsordnung
ICLQ	=	International and Comparative Law Quarterly
IGH	=	Internationaler Gerichtshof
ILM	=	International Legal Materials
JDI	=	Journal de Droit International
J. O.	=	Journal Officiel (Lois et Décrets)
JöR	=	Jahrbuch des öffentlichen Rechts
MRK	=	Konvention zum Schutze der Menschenrechte und Grundfreiheiten vom 4. November 1950, BGBl. 1952 II, S. 686
NILR	=	Netherlands International Law Review
NJW	=	Neue Juristische Wochenschrift
ÖJZ	=	Österreichische Juristen-Zeitung
OVG	=	Oberverwaltungsgericht
R. D. H.	=	Revue des Droits de l'Homme
RDIC	=	Revue de Droit International et de Droit Comparé
RDP	=	Revue du Droit Public et de la Science Politique en France et à l'Étranger
RICR	=	Revue Internationale de la Croix-Rouge
R. I. D. C.	=	Revue Internationale de Droit Comparé
UN	=	United Nations
UNTS	=	United Nations Treaty Series
UZwG	=	Gesetz über den unmittelbaren Zwang bei Ausübung der öffentlichen Gewalt durch Vollzugsbeamte des Bundes
VfGH	=	Verfassungsgerichtshof
YB	=	Yearbook of the European Convention on Human Rights
ZaöRV	=	Zeitschrift für ausländisches öffentliches Recht und Völkerrecht
ZStrW	=	Zeitschrift für die gesamte Strafrechtswissenschaft

Einleitung

Als die Beratende Versammlung des Europarats dem Ministerkomitee am 8. September 1949 empfahl, eine Konvention zum Schutze der Menschenrechte und Grundfreiheiten erarbeiten zu lassen, und einen ersten Entwurf vorlegte[1], war hierin noch keine der heutigen Notstandsklausel entsprechende Bestimmung enthalten. In Art. 6 der Empfehlung war lediglich vorgesehen:

„In the exercise of these rights, and in the enjoyment of the freedoms guaranteed by the Convention, no limitations shall be imposed except those established by the law, with the sole object of ensuring the recognition and respect for the rights and freedoms of others, or with the purpose of satisfying the just requirements of public morality, order and security in a democratic society."

Mit dieser Formulierung, die aus dem sogenannten *Teitgen-Bericht*[2] übernommen worden war, glaubte man damals, die Beschränkung von Konventionsrechten auch im Notstandsfall ausreichend geregelt zu haben.

In dem vom Ministerkomitee mit der weiteren Ausarbeitung des Projekts beauftragten Sachverständigenausschuß schlug der britische Vertreter später jedoch eine besondere Notstandsklausel vor, die eng an Art. 4 des von der UN-Menschenrechtskommission 1949 ausgearbeiteten Entwurfs eines Menschenrechtspaktes[3] angelehnt war und einen Katalog notstandsfester Konventionsrechte sowie besondere Informationspflichten bezüglich der getroffenen Notstandmaßnahmen enthielt. Nachdem der Sachverständigenausschuß den britischen Vorschlag im Februar und März 1950 eingehend beraten hatte, wobei es hauptsächlich um die Frage seiner Vereinbarkeit mit den zur Wahl stehenden Konventionssystemen gegangen war, wurde am Ende jeder der beiden vom Ausschuß erarbeiteten Alternativentwürfe[4] mit einer

---
[1] Empfehlung 38 (1949), Consult. Assembly, 1st Session, 18th Sitting, Doc. 108, S. 261 ff.
[2] Consult. Assembly, 1st Session, 15th Sitting, Doc. 77, S. 197 ff.
[3] Report of the Fifth Session of the Commission on Human Rights, Doc. E/1371, S. 18, in: United Nations Economic and Social Council Official Records: Fourth Year, Ninth Session, 1949.
[4] Da im Sachverständigenausschuß keine Einigkeit darüber erzielt werden konnte, ob man sich bei der Gestaltung der Grundrechte des Enumerations- oder des Definitionsprinzips bedienen sollte, wurden dem Ministerkomitee zwei Entwürfe zur Wahl gestellt.

entsprechend modifizierten Klausel versehen, wobei die Fassung der „Variante B" schließlich ihren Platz in dem vom Ministerkomitee im August 1950 verabschiedeten endgültigen Konventionsentwurf fand.

Im weiteren Verlauf der Beratungen bereitete die Notstandsklausel keine besonderen Schwierigkeiten mehr. Sie wurde als Art. 15 Bestandteil der am 4. November 1950 in Rom unterzeichneten Konvention zum Schutze der Menschenrechte und Grundfreiheiten[5] und lautet in den maßgebenden Fassungen:

Englische Fassung:

„1. In time of war or other public emergency threatening the life of the nation any High Contracting Party may take measures derogating from its obligations under this Convention to the extent strictly required by the exigencies of the situation, provided that such measures are not inconsistent with its other obligations under international law.

2. No derogation from Article 2, except in respect of deaths resulting from lawful acts of war, or from Articles 3, 4 (paragraph 1) and 7 shall be made under this provision.

3. Any High Contracting Party availing itself of this right of derogation shall keep the Secretary General of the Council of Europe fully informed of the measures which it has taken and the reasons therefor. It shall also inform the Secretary General of the Council of Europe when such measures have ceased to operate and the provisions of the Convention are again being fully executed."

Französische Fassung:

„1. En cas de guerre ou en cas d'autre danger public menaçant la vie de la nation, toute Haute Partie Contractante peut prendre des mesures dérogeant aux obligations prévues par la présente Convention, dans la stricte mesure où la situation l'exige et à la condition que ces mesures ne soient pas en contradiction avec les autres obligations découlant du droit international.

2. La disposition précédente n'autorise aucune dérogation à l'article 2, sauf pour le cas de décès résultant d'actes licites de guerre, et aux articles 3, 4 (paragraphe 1) et 7.

3. Toute Haute Partie Contractante qui exerce ce droit de dérogation tient le Secrétaire Général du Conseil de l'Europe pleinement informé

---

[5] Convention for the Protection of Human Rights and Fundamental Freedoms, abgedruckt in: Council of Europe, European Convention on Human Rights, Collected Texts, S. 101; Council of Europe, European Conventions and Agreements, Vol. I (1949 - 1961), S. 21; amtliche deutsche Übersetzung in BGBl. 1952 II, S. 686 ff. — Zu der Entstehungsgeschichte der Konvention vgl. *Partsch*, ZaöRV 15 (1953/54), S. 631.

des mesures prises et des motifs qui les ont inspirées. Elle doit également informer le Secrétaire Général du Conseil de l'Europe de la date à laquelle ces mesures ont cessé d'être en vigueur et les dispositions de la Convention reçoivent de nouveau pleine application."

Deutsche Übersetzung[6]:

„1. Im Falle eines Krieges oder eines anderen öffentlichen Notstandes, der das Leben der Nation bedroht, kann jeder der Hohen Vertragschließenden Teile Maßnahmen ergreifen, welche die in dieser Konvention vorgesehenen Verpflichtungen in dem Umfang, den die Lage unbedingt erfordert, und unter der Bedingung außer Kraft setzen, daß diese Maßnahmen nicht in Widerspruch zu den sonstigen völkerrechtlichen Verpflichtungen stehen.

2. Die vorstehende Bestimmung gestattet kein Außerkraftsetzen des Artikels 2 außer bei Todesfällen, die auf rechtmäßige Kriegshandlungen zurückzuführen sind, oder der Artikel 3, 4 (Absatz 1) und 7.

3. Jeder Hohe Vertragschließende Teil, der dieses Recht der Außerkraftsetzung ausübt, hat den Generalsekretär des Europarates eingehend über die getroffenen Maßnahmen und deren Gründe zu unterrichten. Er muß den Generalsekretär des Europarates auch über den Zeitpunkt in Kenntnis setzen, in dem diese Maßnahmen außer Kraft getreten sind und die Vorschriften der Konvention wieder volle Anwendung finden."

„La disposition inquiétante de l'article 15", wie sie *Merle* einmal bezeichnete[7], ist seit dem Inkrafttreten der MRK am 3. September 1953 in einer Vielzahl von Fällen zur Anwendung gekommen und hat auch die Konventionsorgane in beträchtlichem Maße beschäftigt[8], was insbesondere die umfangreiche Rechtsprechung von Kommission und Gerichtshof zu dieser Vorschrift beweist:

Bereits im *ersten Zypern-Fall*[9] nahm die Kommission das Recht für sich in Anspruch, sowohl das Vorliegen einer Notstandssituation als auch die Erforderlichkeit der getroffenen Suspendierungsmaßnahmen zu prüfen, wobei sie dem betreffenden Staat allerdings einen gewissen „Ermessensspielraum" einräumte. Ihre Bestätigung und Ergänzung fand diese Rechtsprechung im *Fall Lawless*[10], der Kommission und Ge-

---
[6] BGBl. 1952 II, S. 691.
[7] *Merle*, RDP 1951, S. 713.
[8] Vgl. die Aufstellung im Anhang.
[9] Application No. 176/56 (Greece against the United Kingdom) — Der Kommissionsbericht vom 26. 9. 1958 wurde nicht veröffentlicht; eine Zusammenfassung findet sich jedoch in YB II, S. 174 ff.
[10] Application No. 332/57 (Gerard R. Lawless against the Republic of Ireland) — Kommissionsbericht vom 19. 12. 1959: CEDH, Série B, 1960 - 1961, S. 9 ff.; Urteil vom 1. 7. 1961: CEDH, Série A, 1960 - 1961.

richtshof zudem Gelegenheit bot, sich näher mit dem Notstandsbegriff des Art. 15 MRK zu befassen. Die von der Kommission hier vertretene Notstandsdefinition wurde von ihr später im *Griechenland-Fall*[11] teilweise modifiziert, wo sie sich u. a. auch mit dem Derogationsrecht einer Revolutionsregierung auseinanderzusetzen hatte, welches sie im Endergebnis bejahte. Eine weitere Etappe der Rechtsprechung zu Art. 15 MRK stellt ferner der *Nordirland-Fall* dar[12], in dem Kommission und Gerichtshof die Auffassung vertraten, daß das Diskriminierungsverbot des Art. 14 MRK auch bei der Verhängung von Notstandsmaßnahmen zu beachten ist, obwohl es nicht zu dem Kreis der in Art. 15 Abs. 2 MRK genannten notstandsfesten Konventionsbestimmungen gehört. Schließlich ist auf den kürzlich veröffentlichten Kommissionsbericht über die *Beschwerden Zyperns gegen die Türkei*[13] hinzuweisen, der wesentliche Aussagen zum Umfang der Benachrichtigungspflicht des Art. 15 Abs. 3 MRK und deren Bedeutung in bezug auf Art. 15 Abs. 1 MRK enthält.

Ziel der vorliegenden Arbeit ist es, zu einer Bestandsaufnahme der hier skizzenhaft angedeuteten Rechtsprechung der Konventionsorgane zu Art. 15 MRK zu gelangen. Darüber hinaus soll versucht werden, im Wege der Rechtsvergleichung und unter Berücksichtigung der einschlägigen Staatenpraxis zur Lösung bisher noch offen gebliebener Fragestellungen beizutragen.

---

[11] Applications Nos. 3321 - 3323/67, 3344/67 (Denmark, Norway, Sweden, the Netherlands against Greece) — Kommissionsbericht vom 5. 11. 1969: YB XII (The Greek Case).
[12] Application No. 5310/71 (Ireland against the United Kingdom) — Kommissionsbericht vom 25. 1. 1976; Urteil vom 18. 1. 1978.
[13] Applications Nos. 6780/74, 6950/75 (Cyprus against Turkey) — Kommissionsbericht vom 10. 7. 1976.

Erstes Kapitel

Die Prüfungsbefugnis der Konventionsorgane im Rahmen des Art. 15 MRK

1. Das Meinungsspektrum im Fall Lawless

Ein näheres Eingehen auf die einzelnen Merkmale des Art. 15 MRK setzt zunächst die Beantwortung der Frage voraus, ob und in welchem Umfang die in der Bestimmung enthaltenen Kriterien von den Konventionsorganen im Anwendungsfall überprüft werden können[1]. Die Frage, die insbesondere hinsichtlich der Voraussetzungen des Abs. 1 in der bisherigen Spruchpraxis zu Art. 15 MRK eine nicht unbedeutende Rolle gespielt hat, wurde im *Fall Lawless* besonders eingehend erörtert. Da die dort vertretenen Standpunkte das derzeitige Meinungsspektrum im wesentlichen abdecken, seien sie an dieser Stelle kurz dargestellt:

a) Standpunkt der irischen Regierung

Die irische Regierung ging im Grundsatz davon aus, „that it was for a Government, and for that Government alone, to determine when a state of emergency existed and what measures were required by the exigencies of the situation"[2]. Die ablehnende Haltung der Kommission veranlaßte sie jedoch, ihre Auffassung zu modifizieren und einen Standpunkt zu vertreten, den man als „Theorie der Rechtmäßigkeits-

---

[1] Zur Funktion der Kontrollorgane der MRK vgl. *Golsong*, Das Rechtsschutzsystem der Europäischen Menschenrechtskonvention, sowie *Mosler*, Kritische Bemerkungen zum Rechtsschutzsystem der Europäischen Menschenrechtskonvention, in: Festschrift H. Jahrreiss, S. 289 ff.

[2] Zusammenfassung des Schriftsatzes der irischen Regierung vom 12.1.1959 durch die Kommission, CEDH, Série B, 1960 - 1961, S. 77. — Eine ähnlich ablehnende Haltung nahm die griechische Regierung im *Griechenland-Fall* ein, die eine Kontrolle ihrer Notstandsmaßnahmen als Einmischung in die inneren Angelegenheiten des Staates erklärte. In ihrer Stellungnahme vom 16.12.1967 führte sie u. a. aus:
„Any control exercised by the Commission would be equivalent, in the last resort, to an expression of approval or disapproval of the revolution itself. Clearly, this would no longer be ‚control' in the proper sense of the term but would constitute an interference in a State's internal affairs" (YB XI, S. 716).

vermutung"[3] bzw. als „Theorie des guten Glaubens"[4] bezeichnen kann. Hiernach kann die Entscheidung, die eine Regierung unter Berufung auf Art. 15 MRK getroffen hat, dann nicht mehr in Frage gestellt werden, wenn auf Grund der festgestellten Tatsachen eine Vermutung zugunsten der Rechtmäßigkeit der Entscheidung besteht und die Regierung in gutem Glauben gehandelt hat. Die Gutgläubigkeit soll hierbei im Lichte des Art. 18 MRK überprüft werden, so daß die Prüfungskompetenz der Konventionsorgane im wesentlichen auf eine Mißbrauchskontrolle beschränkt bleibt[5].

b) Standpunkt der Kommission

Die Kommission hielt sich demgegenüber für berechtigt, in jedem Fall das Vorliegen einer öffentlichen Gefahr im Sinne des Art. 15 MRK sowie die Erforderlichkeit der getroffenen Notstandsmaßnahmen selbständig zu überprüfen. In ihrer Mehrheit billigte sie der betroffenen Regierung hierbei — wenn auch in unterschiedlichem Maße — einen gewissen Ermessensspielraum („marge d'appréciation" / „margin of appreciation") zu, der ihrer Ansicht nach jedoch die Beachtung bestimmter objektiver Mindesterfordernisse voraussetzt[6]. Diese „Theorie vom Ermessensspielraum", die von der Kommission bereits im *ersten Zypern-Fall* entwickelt worden war[7], wurde von ihrem Präsidenten, *Sir Humphrey Waldock*, vor dem Gerichtshof folgendermaßen erläutert[8]:

„The concept behind this doctrine is that Article 15 has to be read in the context of the rather special subject-matter with which it deals; namely the responsibilities of a Government for maintaining law and order in times of war or public emergency threatening the life of the nation. The concept of the appreciation is that Government's discharge of these responsibilities is essentially a delicate problem of appreciating complex factors and of balancing conflicting considerations of the public interest; and that, once the Commission or the Court is satisfied that the Government's appreciation is at least on the margin of the powers conferred by Article 15, then the interest which the public itself has in effective Government and in the maintenance of order justifies and requires a decision in favour of the legality of the Government's appreciation."

---

[3] „Théorie de la présomption", vgl. *Vélu*, Mélanges H. Rolin, S. 474.

[4] Vgl. *Antonopoulos*, La jurisprudence, S. 223.

[5] Vgl. das Counter-Memorial der irischen Regierung vom 27.8.1960, CEDH, Série B, 1960 - 1961, S. 224 sowie die Ausführungen des irischen Generalbevollmächtigten *O'Keeffe* bei der mündlichen Verhandlung vom 10.4.1961, ibid., S. 444.

[6] Vgl. die Stellungnahme *Waldocks* bei der mündlichen Verhandlung vom 8.4.1961, CEDH, Série B, 1960 - 1961, S. 392.

[7] Beschwerde Nr. 176/56; YB II, S. 174 ff. (176). Die Theorie wurde von der Kommission auch im *Griechenland-Fall* bestätigt; vgl. YB XII, S. 72.

[8] Mündliche Verhandlung vom 10.4.1961, CEDH, Série B, 1960 - 1961, S. 408.

c) Standpunkt des Beschwerdeführers Lawless

Der Beschwerdeführer *Lawless* schließlich trat für eine umfassende Prüfungskompetenz der Konventionsorgane ein. Nach seiner Ansicht[9], die von einigen Kommissionsmitgliedern[10] geteilt wurde, ist die „Theorie des Ermessensspielraums" mit dem Wortlaut des Art. 15 MRK, der die Voraussetzungen und den Umfang von Notstandsmaßnahmen äußerst restriktiv formuliere, nicht vereinbar. Im Rahmen des Art. 15 MRK könne der betroffenen Regierung daher kein — allenfalls ein sehr enger — Beurteilungsspielraum zugestanden werden.

d) Standpunkt des Gerichtshofs

In seiner Entscheidung vom 1. Juli 1961[11] vermied es der Gerichtshof, abschließend zu den von den Verfahrensbeteiligten vertretenen Auffassungen Stellung zu nehmen. Er bekräftigte einleitend seine Befugnis, das Vorliegen der in Art. 15 MRK für die Ausübung der Notstandsbefugnisse aufgezählten Bedingungen nachzuprüfen, wozu insbesondere das Bestehen eines öffentlichen Notstands sowie die Erforderlichkeit der getroffenen Maßnahmen gehörten.

Bei der Behandlung der Frage, ob im Zeitpunkt des Geschehens ein das Leben der Nation bedrohender Notstand vorgelegen hatte, stellte das Gericht zunächst den „normalen und üblichen Sinn" dieses Begriffs fest und prüfte sodann, ob die seitens der irischen Regierung geltend gemachten Tatsachen unter diesen Begriff fielen. Dies war seiner Ansicht nach der Fall, denn „... l'existence à cette époque d'un danger public menaçant la vie de la nation avait pu être raisonnablement déduite par le Gouvernement irlandais de la conjonction de plusieurs éléments constitutifs..."[12].

Hinsichtlich der Erforderlichkeit der getroffenen Maßnahmen untersuchte das Gericht, ob die der irischen Regierung zur Verfügung stehenden sonstigen Mittel die Anwendung von Notstandsmaßnahmen nicht überflüssig gemacht hatten, was insbesondere von dem Beschwerdeführer *Lawless* behauptet worden war. Es stellte jedoch fest, daß keines dieser Mittel geeignet gewesen wäre, der Lage in Irland damals wirkungsvoll zu begegnen.

---

[9] Vgl. die Zusammenfassung von *Waldock*, ibid., S. 396 ff.
[10] Vgl. etwa die Stellungnahmen von *Eustathiades* und *Süsterhenn*, ibid., S. 134 ff (135) und 142 ff. (151).
[11] „Lawless" Case (Merits), Judgment of 1st July 1961, CEDH, Série A, 1960 - 1961, S. 55 ff. = EGMR, Bd. 1, S. 48 ff. = ZaöRV 21 (1961), S. 727 ff.
[12] Ibid., Entscheidungsgründe Ziff. 29.

2. Stellungnahme

a) Ausschluß der Prüfungsbefugnis unter dem Gesichtspunkt des staatlichen „domaine réservé"?

Die im Grundsatz ablehnende Haltung der irischen Regierung gegenüber einer Prüfungskompetenz der Konventionsorgane[13] berechtigt zu der Frage, ob und inwieweit Maßnahmen im Rahmen des Art. 15 MRK in den Bereich des staatlichen „domaine réservé"[14] fallen, d. h. rein innerstaatliche Angelegenheiten betreffen, die jeder Einflußnahme von außen entzogen sind.

In diesem Zusammenhang ist zunächst festzustellen, daß sich die Vertragsstaaten in der MRK und ihren Zusatzprotokollen untereinander ausdrücklich zur Gewährleistung gewisser Menschenrechte und Grundfreiheiten verpflichtet (Art. 1 MRK) und deren Überwachung besonderen internationalen Instanzen übertragen haben (Art. 19 MRK), was zwangsläufig ihren Verzicht auf die ihnen in diesem Bereich herkömmlicherweise zugebilligte Alleinzuständigkeit bedeutet. Darüber hinaus wird die Beachtung der Menschenrechte in der internationalen Praxis auch außerhalb entsprechender Vertragsbeziehungen zunehmend nicht mehr zu den „matters ... essentially within the domestic jurisdiction" der Staaten im Sinne des Art. 2 Abs. 7 UN-Charta sondern zu den „matters of international concern" gerechnet[15]. Die Zuständigkeit der Konventionsorgane, staatliches Verhalten an den Individualrechten der MRK zu messen, kann daher nicht unter Berufung auf den staatlichen „domaine réservé" bestritten werden[16].

Etwas anderes könnte allerdings im Fall des Art. 15 MRK gelten, wenn man diese Bestimmung als umfassende Ausnahmeregelung betrachtet in dem Sinn, daß im Notstandsfall neben dem Grundrechtskatalog auch der institutionelle Teil der Konventionsverpflichtungen einschließlich der Prüfungskompetenz der Konventionsorgane außer Kraft gesetzt werden darf.

Gegen eine derartige Betrachtungsweise spricht jedoch einmal die Stellung des Art. 15 MRK im Rahmen der materiellrechtlichen Bestimmungen des ersten Konventionsabschnitts. Aber auch vom Er-

---

[13] Unter Hinweis auf *Kiss*, AFDI, S. 680 f. sowie *Lauterpacht*, ICLQ 1956, S. 433.

[14] Zum Begriff des „domaine réservé" vgl. *Waldock*, BYIL 1954, S. 96 ff.

[15] Vgl. *Fawcett*, Human Rights and Domestic Jurisdiction, in: The International Protection of Human Rights (hrsg. von E. Luard), S. 292 f. sowie *Beyerlin*, Humanitäre Aktion, S. 25 mit weiteren Nachweisen.

[16] Vgl. Affaire „relative à certains aspects du régime linguistique de l'enseignement en Belgique (exception préliminaire), arrêt du 9 février 1967, CEDH, Série A, 1966 - 1967, S. 19 sowie *Walter*, JöR NF 24 (1975), S. 29.

2. Stellungnahme

gebnis her erscheint sie bedenklich, da sie den Grundrechtsschutz in Krisenzeiten weitgehend illusorisch machen und nicht einmal mehr die Einhaltung der absolut geschützten Konventionsrechte gewährleisten würde. Sie dürfte damit kaum mit dem Grundgedanken des Art. 17 MRK zu vereinbaren sein, wonach keine Bestimmung der Konvention zur Abschaffung oder unzulässigen Beschränkung von Grundrechten herangezogen werden darf[17]. Es ist daher davon auszugehen, daß unter die nach Art. 15 MRK aufhebbaren Konventionsverpflichtungen nur die Grundrechte fallen und die Zuständigkeit der Konventionsorgane durch den Notstandsfall nicht berührt wird[18].

b) Anwendbarkeit der „political question doctrine"?

Schließlich kann die Prüfungskompetenz von Kommission und Gerichtshof im Fall des Art. 15 MRK auch nicht unter dem Gesichtspunkt einer von diesen Organen etwa anzuwendenden „political question doctrine" verneint werden. Für eine solche Doktrin finden sich im Konventionstext keinerlei Anhaltspunkte. Daneben bietet auch die Gerichtspraxis in den einzelnen Vertragsstaaten bei der Behandlung von „political questions" auf Grund der unterschiedlichen Verfassungstraditionen ein zu uneinheitliches Bild, um hieraus einen auf Art. 15 MRK anwendbaren allgemeinen Rechtsgrundsatz herleiten zu können:

So gelten beispielsweise in Großbritannien als gerichtlich nicht überprüfbare „acts of State" im wesentlichen nur die Akte der auswärtigen Gewalt[19]. In Frankreich werden zu den nichtjustiziablen „actes de gouvernment" darüber hinaus solche Akte gerechnet, welche die Beziehungen zwischen Regierung und Parlament betreffen[20]. Teilweise fallen hierunter auch Entscheidungen, die der Präsident im Rahmen der Notstandsklausel des Art. 16 der französischen Verfassung trifft[21]. Im deutschen Recht schließlich werden „gerichtsfreie Hoheitsakte" wegen Art. 19 Abs. 4 GG nur in begrenztem Umfang anerkannt. Neben Akten der auswärtigen Gewalt zählen hierzu lediglich bestimmte Maßnahmen oberster Staatsorgane, die im Vollzug verfassungsrechtlicher Zuständigkeitsnormen getroffen werden[22]. Im übrigen unterliegen auch staatliche Akte hochpolitischen Inhalts der gerichtlichen Kontrolle[23].

---

[17] Vgl. *Weiß*, Europäische Menschenrechtskonvention, S. 23.
[18] *Weiß*, Europäische Menschenrechtskonvention, S. 23; vgl. ferner *Schorn*, MRK-Kommentar, Art. 15, Anm. 10 sowie *Huber*, ZaöRV 21 (1961), S. 652 f.
[19] In beschränktem Umfang daneben auch die Akte der Krone gegenüber Personen „not within the allegiance of the Crown", vgl. *Clarke*, Constitutional and Administrative Law, S. 89.
[20] Vgl. *Vedel*, Droit administratif, S. 307; *Voisset*, L'Article 16, S. 266.
[21] Näheres hierzu in diesem Kapitel unter 3. b).

Bedenken gegen die Anwendung einer derartigen Doktrin durch Kommission und Gerichtshof ergeben sich letztlich auch aus Art. 19 MRK, wonach diese Organe eigens zu dem Zweck errichtet wurden, die Einhaltung der von den Vertragsstaaten übernommenen Konventionsverpflichtungen sicherzustellen. Dieser Zweck wäre weitgehend vereitelt, wenn den betreffenden Staaten in der „Stunde der Bewährung" die Entscheidung über die Außerkraftsetzung von Grundrechten wegen ihres zwangsläufig politischen Charakters allein überlassen bliebe[24].

Nachdem die Prüfungskompetenz von Kommission und Gerichtshof somit weder unter dem Gesichtspunkt des „domaine réservé" noch unter dem Aspekt der „political question" auszuschließen ist, bleiben im folgenden allein Umfang und Intensität der von diesen Organen im Fall des Art. 15 MRK auszuübenden Kontrolle zu erörtern.

c) „Theorie des guten Glaubens"

In diesem Zusammenhang soll zunächst auf die von der irischen Regierung hilfsweise vertretene „Theorie des guten Glaubens"[25] eingegangen werden. Gegen diese Doktrin, die die Prüfungskompetenz im wesentlichen auf das subjektive Element beschränkt, ergeben sich Bedenken vor allem deshalb, weil sie kaum mit dem Charakter der MRK als einer rechtsetzenden Vereinbarung[26] in Einklang zu bringen ist, deren Hauptzweck nicht in der Schaffung von völkerrechtlichen Deliktstatbeständen sondern in der Errichtung einer objektiv definierten Menschenrechtsordnung besteht[27].

Bedenken ergeben sich aber auch aus Art. 15 MRK selbst: Bei der Formulierung dieser dem Konventionsziel an sich widersprechenden, politisch aber notwendigen Bestimmung waren die Verfasser bemüht, deren Anwendungsbereich möglichst genau zu definieren und von

---

[22] Vgl. *Ule*, Verwaltungsprozeßrecht, S. 152 (Anhang zu § 32 VII). Zur Justiziabilität von Gnadenakten vgl. BVerfGE 25, S. 355 (verneinend) und BVerfGE 30, S. 108 (bejahend im Fall des Widerrufs).
[23] Vgl. etwa BVerfGE 5, S. 85 ff. (KPD-Urteil), BVerfGE 24, S. 300 ff. (Parteienfinanzierung), BVerfGE 36, S. 1 ff. (Grundvertragsurteil) und BVerfGE 40, S. 296 ff. (Diätenurteil). Siehe hierzu auch *Doehring*, Diplomatischer Schutz, S. 101 ff.; ders., Staatsrecht, S. 214 ff., sowie *Wengler*, Der Begriff des Politischen, S. 40 ff.
[24] So auch *Wurst*, Völkerrechtliche Sicherung der Menschenrechte, S. 42.
[25] Vgl. hierzu die Ausführungen in diesem Kapitel unter 1. a).
[26] Traité normatif — law-making treaty, vgl. das Urteil des Gerichtshofs im *Fall Wemhoff*, CEDH, Série A, 1968, S. 23 = EGMR, Bd. 1, S. 126.
[27] *Süsterhenn* weist im Kommissionsbericht ferner mit Recht darauf hin, daß dem guten Glauben — anders als dies im Straf- oder Zivilrecht der Fall ist — im öffentlichen Recht und im Völkerrecht grundsätzlich keine entscheidende Bedeutung zukommt; CEDH, Série B, 1960 - 1961, S. 151.

weniger erheblichen Tatbeständen abzugrenzen. Sie fügten in den Text deshalb bestimmte objektive Kriterien (Krieg, öffentlicher Notstand, Erforderlichkeit der Maßnahmen etc.) ein, die gewissermaßen die Mindestvoraussetzungen für die Außerkraftsetzung von Menschenrechten darstellen[28]. Die von den Verfassern vorgenommene Abgrenzung würde jedoch in unzulässiger Weise relativiert, wenn die Konventionsorgane — wie es die „Theorie des guten Glaubens" vorsieht — auf eine volle Überprüfung dieser Kriterien verzichteten und sich stattdessen darauf beschränkten festzustellen, ob auf Grund der festgestellten Tatsachen eine Vermutung zugunsten der Rechtmäßigkeit der getroffenen Maßnahmen besteht und die betreffende Regierung in gutem Glauben gehandelt hat.

Die angeführten Bedenken veranlaßten schließlich auch die Kommission, sich in ihrem Bericht[29] gegen die „Theorie des guten Glaubens" auszusprechen. Ein Teil der Mitglieder war allerdings bereit, die Gutgläubigkeit der Regierung insoweit zu berücksichtigen, als es um die Frage ging, ob die Regierung den ihr zugebilligten Ermessensspielraum[30] möglicherweise überschritten hatte.

d) „Theorie vom Ermessensspielraum"

Für die von der Kommission vertretene „Theorie vom Ermessensspielraum"[31] ergeben sich, von Art. 1 Abs. 2 des Ersten Zusatzprotokolls abgesehen[32], aus dem Konventionstext keinerlei Anhaltspunkte. Der in diesem Zusammenhang verwandte Begriff der „marge d'appréciation" / „margin of appreciation" läßt vielmehr darauf schließen, daß die Kommission ihre Theorie der französischen Lehre und Rechtsprechung zur Frage der Ermessensfreiheit („pouvoir discrétionnaire") der staatlichen Behörden entnommen hat[33]:

Nach französischer Auffassung kennt die Verwaltungspraxis weder Fälle völliger Ermessensfreiheit noch Fälle völliger rechtlicher Bindung[34]. Behördliche Maßnahmen bestehen in der Regel vielmehr aus

---

[28] Vgl. *Antonopoulos*, La jurisprudence, S. 226.
[29] CEDH, Série B, 1960 - 1961, S. 393.
[30] Vgl. hierzu die folgenden Ausführungen.
[31] Vgl. hierzu die Ausführungen in diesem Kapitel unter 1. b).
[32] Nach dieser Bestimmung steht es dem betreffenden Staat weiterhin frei, „diejenigen Gesetze anzuwenden, die er für die Regelung der Benutzung des Eigentums in Übereinstimmung mit dem Allgemeininteresse oder zur Sicherung der Zahlung der Steuern, sonstiger Abgaben oder von Geldstrafen für erforderlich hält".
[33] Vgl. *Vélu*, Mélanges H. Rolin, S. 465 ff.
[34] Vgl. hierzu und auch zum Folgenden *Vedel*, Droit administratif, S. 319 sowie *Waline*, Droit administratif, S. 414 ff.

1. Kap.: Die Prüfungsbefugnis der Konventionsorgane

einer Kombination von „pouvoir discrétionnaire" und „compétence liée", was zur Folge hat, daß die Behörden bei ihren Entscheidungen stets über einen von gesetzlichen Bestimmungen mehr oder weniger eingeschränkten Ermessensspielraum[35] („marge d'appréciation") verfügen. Die Bestimmung dieses gerichtsfreien Ermessensbereiches kann im Einzelfall jedoch Schwierigkeiten bereiten, da Rechtmäßigkeits- und Zweckmäßigkeitserwägungen in der Praxis nicht immer eindeutig voneinander zu trennen sind: So kann die rechtlich bindende Definition von Zweckmäßigkeitsgesichtspunkten zu einer Einengung, die Verwendung von unbestimmten Rechtsbegriffen im Rahmen der Rechtmäßigkeitsgesichtspunkte dagegen zu einer Ausweitung des Ermessensspielraums führen.

In der beschriebenen Weise enthält auch Art. 15 MRK eine Mischung aus „pouvoir discrétionnaire" und „compétence liée"[36]: Die Mitgliedstaaten sind rechtlich gebunden, soweit Anlaß, Gegenstand und Ziel von Notstandsmaßnahmen sowie die erforderlichen Formalitäten in Art. 15 MRK festgelegt sind, wobei diese Bindung durch die Verwendung des auslegungsbedürftigen Notstandsbegriffs[37] auf der Tatbestandsseite und die Berücksichtigung von Zweckmäßigkeitserwägungen auf der Rechtsfolgeseite in bestimmter Weise relativiert bzw. modifiziert wird. Demgemäß geht die Kommission im Rahmen ihrer Rechtmäßigkeitsprüfung zwar von einer alle genannten Bereiche umfassenden Kontrollbefugnis aus, sie sieht sich jedoch gleichzeitig veranlaßt, der betroffenen Regierung bei der Beurteilung der Notstandsvoraussetzungen sowie der Auswahl der erforderlichen Maßnahmen einen „gewissen" Ermessensspielraum einzuräumen[38].

Zur Frage des Umfangs und der näheren Ausgestaltung dieses von der Kommission anerkannten Ermessensbereiches können über die bereits getroffenen Feststellungen hinaus der Kommissionspraxis einige weitere Anhaltspunkte entnommen werden[39]:

So stellt die Kommission bei ihrer Prüfung zunächst darauf ab, wie die Regierung das Vorliegen einer Notstandssituation sowie die Not-

---

[35] Der Begriff „marge d'appréciation" wurde mit „Ermessensspielraum" übersetzt, um zum Ausdruck zu bringen, daß das französische Recht im Gegensatz zum deutschen keinen Unterschied zwischen dem Ermessen auf der Tatbestandsseite (Beurteilungsspielraum) und dem Ermessen auf der Rechtsfolgeseite (Handlungsermessen) kennt.
[36] Zum Folgenden vgl. *Vélu*, Mélanges H. Rolin, S. 466 ff.
[37] *Huber*, ZaöRV 21 (1961), S. 655 spricht vom „Gattungsbegriff des Notstandes".
[38] Vgl. den Kommissionsbericht, CEDH, Série B, 1960 - 1961, S. 82 sowie S. 114.
[39] Vgl. den Kommissionsbericht, S. 392 ff. sowie *Vélu*, Mélanges H. Rolin, S. 476.

2. Stellungnahme

wendigkeit der ergriffenen Maßnahmen bestimmt hat, billigt dieser also gewissermaßen eine „Einschätzungsprärogative"[40] zu. Im Rahmen einer objektiven Kontrolle überprüft die Kommission sodann die von der Regierung zur Begründung ihrer Entscheidung angegebenen Tatsachen und subsumiert diese unter Art. 15 MRK, wobei sie anscheinend wie der Gerichtshof[41] von der „normalen und üblichen" Bedeutung der dort verwandten Begriffe ausgeht. Da unter den Mitgliedstaaten der MRK angesichts ihrer unterschiedlichen geschichtlichen Erfahrungen jedoch kaum eine volle Übereinstimmung darüber besteht, was „üblicherweise" unter einem das Leben der Nation bedrohenden Notstand zu verstehen und mit welchen Mitteln dieser Gefahr in der erforderlichen Weise zu begegnen ist, kann die Kommission ihrer Prüfung keinesfalls nur eine einzige „richtige" Begriffsinterpretation zugrundelegen. Sie räumt der betroffenen Regierung daher eine gewisse „Bandbreite konventionsgemäßer Entscheidungsmöglichkeiten"[42] ein und prüft, ob sich die angefochtene Entscheidung noch innerhalb dieses Spielraums bewegt bzw. ob sie in diesem Rahmen noch als vertretbar[43] angesehen werden kann.

Mit ihrem derart ausgestalteten und begrenzten Ermessensspielraum nimmt die Theorie der Kommission somit eine mittlere Position zwischen der von der irischen Regierung vertretenen „Theorie des guten Glaubens" und der Auffassung des Beschwerdeführers *Lawless* ein. Wenn auch der Unterschied zwischen den einzelnen Standpunkten in der Praxis letztlich nicht allzu groß ist und der Wortlaut des Art. 15 MRK keine zwingenden diesbezüglichen Hinweise enthält, so ist nach der Auffassung des Verfassers dennoch der Ermessenstheorie der Kommission der Vorzug zu geben[44]. Sie geht einerseits von der in bezug auf Art. 15 MRK gebotenen[45] umfassenden Prüfungskompetenz der Konventionsorgane aus, beschränkt diese andererseits jedoch dort, wo staatliche Behörden aufgrund ihrer größeren Sachnähe, insbesondere ihrer

---

[40] Zu dem Begriff vgl. *Wolff / Bachof*, Verwaltungsrecht I, S. 192 (§ 31 I c 4).
[41] Vgl. hierzu die Ausführungen in diesem Kapitel unter 1. d).
[42] Zu dieser Formulierung vgl. BVerwG NJW 1972, S. 596 ff. (597).
[43] So sahen beispielsweise im *Fall Iversen* (Beschwerde Nr. 1468/62) diejenigen Kommissionsmitglieder, die Art. 15 MRK (analog) in Erwägung zogen, keinen Anlaß, die von der norwegischen Regierung behauptete Notstandssituation in Frage zu stellen „... as there is evidence before the Commission showing reasonable grounds for such judgment" (YB VI, S. 330).
[44] Auch der Gerichtshof, der der Ermessenstheorie der Kommission im *Fall Lawless* bereits in gewissem Umfang gefolgt war, ohne hierzu allerdings konkret Stellung zu nehmen, hat diese in seiner Entscheidung im *Nordirland-Fall* nunmehr ausdrücklich bestätigt (European Court of Human Rights, Case of Ireland against The United Kingdom, Judgment of 18 January 1978, S. 68). — Eine kritische Würdigung der Theorie findet sich bei *Antonopoulos*, La Jurisprudence, S. 228.
[45] Vgl. hierzu die Ausführungen unter 2. a) und b).

Vertrautheit mit den nationalen Besonderheiten, besser in der Lage sind, im konkreten Fall die Notwendigkeit von Eingriffen in Konventionsrechte zu beurteilen[46].

3. Der französische Vorbehalt zu Art. 15 MRK und seine Auswirkung auf die Prüfungsbefugnis der Konventionsorgane

Bei der Hinterlegung der Ratifikationsurkunde zur MRK am 3. Mai 1974 erklärte die französische Regierung zu Art. 15 folgenden Vorbehalt[47]:

„Le Gouvernement de la République, conformément à l'article 64 de la Convention, émet une réserve concernant le paragraphe 1 de l'article 15 en ce sens, d'une part, que les circonstances énumérées par l'article 16 de la Constitution[48] pour sa mise en oeuvre, par l'article 1er de la loi du 3 avril 1878[49] et par la loi du 9 août 1849 pour la déclaration de l'état de siège, par l'article 1er de la loi no. 55 - 385 du 3 avril 1955[50] pour la déclaration de l'état d'urgence, et qui permettent la mise en application des dispositions de ces textes, doivent être comprises comme correspondant à l'objet de l'article 15 de la Convention et, d'autre part, que pour l'interprétation et l'application de l'article 16 de la Constitution de la République, les termes ‚dans la stricte mesure ou la situation l'exige' ne sau-

---

[46] Vgl. in diesem Zusammenhang auch die neueren Urteile des Gerichtshofs im *Fall Handyside*, CEDH, Série A Bd. 24, S. 22, § 48 und im *Fall Sunday Times*, CEDH, Série A Bd. 30, S. 35 f., § 59.

[47] J. O. 4. 5. 1974, S. 4757; YB XVII, S. 5; deutsche Übersetzung in BGBl. 1975 II, S. 1346.

[48] Art. 16 der Verfassung vom 4. 10. 1958 (J. O. 5. 10. 1958, S. 9151) lautet:

„Lorsque les institutions de la République, l'indépendance de la Nation, l'intégrité de son territoire ou l'éxécution de ses engagements internationaux sont menacées d'une manière grave et immédiate et que le fonctionnement régulier des pouvoirs publics constitutionnels est interrompu, le Président de la République prend les mesures exigées par ces circonstances, après consultation officielle du Premier Ministre, des présidents des Assemblées, ainsi que du Conseil Constitutionnel.
Il en informe la Nation par un message.
Ces mesures doivent être inspirées par la volonté d'assurer aux pouvoirs publics constitutionnels, dans les moindres délais, les moyens d'accomplir leur mission. Le Conseil Constitutionnel est consulté à leur sujet.
Le Parlement se réunit de plein droit.
L'Assemblée Nationale ne peut être dissoute pendant l'exercice des pouvoirs exceptionnels."

[49] Art. 1 Abs. 1 des Gesetzes vom 3. 4. 1878 (D. P. 78.4.27), der auch auf das Gesetz vom 9. 8. 1849 (D. P. 49.4.135) anzuwenden ist, lautet: „L'état de siège ne peut être déclaré qu'en cas de péril imminent, résultant d'une guerre étrangère ou d'une insurrection à main armée."

[50] Art. 1 des Gesetzes vom 3. 4. 1955 (J. O. 7. 4. 1955, S. 3479) lautet: „L'état d'urgence peut être déclaré ..., soit en cas de péril imminent résultant d'atteintes graves à l'ordre public, soit en cas d'événements présentant, par leur nature et leur gravité, le caractère de calamité publique."

raient limiter le pouvoir du Président de la République de prendre ‚les mesures exigées par les circonstances'."

a) Bedenken gegen den Vorbehalt

Der französische Vorbehalt hat in der Literatur[51] teilweise starke Bedenken hervorgerufen. Diese werden zum einen aus der besonderen Bedeutung des Art. 15 MRK als Schranke staatlicher Willkür in Notstandssituationen abgeleitet, die einen diesbezüglichen Vorbehalt als rechtsmißbräuchlich erscheinen lasse. Zum andern wird auf Art. 64 Abs. 1 MRK verwiesen, der Vorbehalte allgemeiner Art für unzulässig erklärt[52]. Schließlich wird die Ansicht vertreten, daß Vorbehalte nur zu den in der Konvention garantierten Rechten und Grundfreiheiten möglich seien, zu denen Art. 15 MRK jedoch nicht gehöre[53]. Den gemeinsamen Hintergrund dieser Bedenken bildet hierbei die Sorge, daß durch das französische Vorgehen die Prüfungskompetenz der Konventionsorgane bezüglich Art. 15 MRK in unzulässiger Weise beschränkt und hiermit das Kontrollsystem der MRK — einer ihrer „raisons d'être" — in einem wesentlichen Punkt beseitigt bzw. geschwächt wird[54]. Ob und inwieweit dies auf Grund des französischen Vorbehalts tatsächlich der Fall ist, soll im folgenden geprüft werden.

b) Umfang des Vorbehalts

Ihrem Wortlaut nach ist die Vorbehaltserklärung auf Art. 15 Abs. 1 MRK beschränkt, dessen Inhalt sie in zweifacher Weise modifiziert. Einmal wird in ihr das Bestehen einer inhaltlichen Übereinstimmung

---

[51] Zu den folgenden Ausführungen vgl. *Coussirat-Coustère*, JDI 1975, S. 279 ff. mit weiteren Nachweisen.

[52] Die Bestimmung lautet:
„Tout Etat peut, au moment de la signature de la présente Convention ou du dépôt de son instrument de ratification, formuler une réserve au sujet d'une disposition particulière de la Convention, dans la mesure où une loi alors en vigueur sur son territoire n'est pas conforme à cette disposition. Les réserves de caractère général ne sont pas autorisées aux termes du présent article."
Um dem letzten Satz dieser Vorschrift einen Sinn zu geben, wird man davon ausgehen müssen, daß auch ein Vorbehalt zu einer einzelnen Konventionsbestimmung wegen seines allgemeinen Charakters unter das Verbot fallen kann; vgl. *Coussirat-Coustère*, JDI 1975, S. 272. A. A. *Vasak*, La Convention européenne des Droits de l'Homme, S. 69; *Marcus-Helmons*, RDIC 1968, S. 16.

[53] Eine derartige Beschränkung der Vorbehaltsmöglichkeit läßt sich allerdings kaum mit dem Wortlaut des Art. 64 Abs. 1 MRK vereinbaren, der anstelle des in Art. 1 MRK gebrauchten Begriffs der „droits et libertés" bzw. „rights and freedoms" den weiteren Begriff „disposition" bzw. „provision" verwendet.

[54] Vgl. *Coussirat-Coustère*, JDI 1975, S. 280.

nach dem Gegenstand zwischen den Anwendungsvoraussetzungen des Art. 16 der französischen Verfassung sowie der französischen Gesetze über den Belagerungs- und Gefahrenzustand einerseits und denjenigen des Art. 15 Abs. 1 MRK andererseits fingiert. Daneben wird festgestellt, daß die sich aus Art. 16 der Verfassung ergebende Befugnis des Präsidenten, „die nach den Umständen erforderlichen Maßnahmen" zu ergreifen, durch den engeren Wortlaut des Art. 15 Abs. 1 MRK („in dem Umfang, den die Lage unbedingt erfordert") nicht eingeschränkt wird. Im Ergebnis bedeutet dies, daß die in Art. 15 Abs. 1 MRK enthaltenen Bestimmungen über die Voraussetzung und den Umfang von Notstandsmaßnahmen durch die entsprechenden Formulierungen der in dem Vorbehalt genannten französischen Verfassungs- und Gesetzesbestimmungen gleichsam ersetzt werden[55].

Aus dem Vorbehalt folgt jedoch nicht, daß die Überprüfung von etwaigen Notstandsmaßnahmen anhand dieser Formulierungen nunmehr ausschließlich französischen Behörden vorbehalten bleibt und Kommission und Gerichtshof die Voraussetzungen des Art. 15 Abs. 1 MRK automatisch als erfüllt ansehen müssen, sobald auf französischer Seite die Voraussetzungen des Art. 16 der Verfassung bzw. der Gesetze über den Belagerungs- und Gefahrenzustand bejaht werden. Daß ein derart weitgehender Vorbehalt von der französischen Regierung nicht beabsichtigt war, geht eindeutig aus einer Stellungnahme des französischen Außenministers *Jobert* vor der Nationalversammlung vom 20. Dezember 1973 hervor, wo er u. a. ausführte[56]:

„... la réserve relative à l'article 15 n'a aucunement pour but de faire échapper les décisions prises en application de l'article 16 de notre Constitution au contrôle des organes que la convention institue. ... s'ils sont saisis, ils auront à examiner si sont remplies les conditions prévues par l'article 16 de notre Constitution ou par nos législations d'exception sur l'état de siège ou l'état d'urgence, c'est-à-dire, du fait de notre réserve, si sont remplies les conditions de l'application de l'article 15 de la convention."

Auswirkungen auf die Prüfungskompetenz der Konventionsorgane könnten sich allerdings insoweit ergeben, als die Anwendung von Ausnahmevorschriften in Frankreich selbst nur in beschränktem Umfang einer gerichtlichen Kontrolle unterworfen ist:

So kann beispielsweise die Entscheidung des Präsidenten, auf Art. 16 der Verfassung zurückzugreifen, nur auf die Einhaltung der in dieser Bestimmung enthaltenen Verfahrensvorschriften hin überprüft werden, nicht jedoch deren materielle Voraussetzungen sowie die Dauer

---

[55] Vgl. *Coussirat-Coustère*, JDI 1975, S. 283 f. sowie *Pellet*, RDP 1974, S. 1360.
[56] J. O., Débats Parl., A. N., 20 décembre 1973, S. 7279.

ihrer Anwendung, da insoweit die Rechtsfigur des „acte de gouvernement" zur Anwendung kommt. Entscheidungen, die der Präsident in Anwendung des Art. 16 trifft, unterliegen wiederum nur dann einer gerichtlichen Kontrolle, wenn sie „à caractère réglementaire" sind bzw. individuelle Maßnahmen betreffen. Handelt es sich dagegen um Entscheidungen „à caractère législatif", so sind sie jeder Kontrolle entzogen[57].

Da die MRK selbst keine derartigen Beschränkungen hinsichtlich der Überprüfung von staatlichen Akten kennt, könnte die französische Rechtsprechungspraxis nur dann für die Prüfungskompetenz der Konventionsorgane von Bedeutung sein, wenn diese selbst für die übrigen Vertragsparteien erkennbar Bestandteil des französischen Vorbehalts geworden wäre, was jedoch nicht der Fall ist:

So kann insbesondere der zweite Teil des Vorbehalts, der die Notstandsbefugnisse des französischen Präsidenten gemäß Art. 16 der Verfassung betrifft, nicht in dem Sinne verstanden werden, daß hierdurch eine über die französische Praxis hinausgehende Kontrollbefugnis von Kommission und Gerichtshof ausgeschlossen wird. Es handelt sich hierbei vielmehr, ebenso wie bei dem ersten Teil des Vorbehalts, lediglich um eine „interpretative Erklärung"[58], die die Prüfungskompetenz der Konventionsorgane als solche unberührt läßt[59].

Die mangels eines entsprechenden französischen Vorbehalts eröffnete Möglichkeit, bestimmte, nach französischem Recht nichtjustiziable Akte des Präsidenten durch internationale Organe überprüfen zu lassen, stellt entgegen der von der französischen Regierung im Verlauf der zahlreichen Ratifikationsdebatten zeitweilig vertretenen Auffassung[60] auch keinen unzulässigen Eingriff in die verfassungsrechtliche Stellung des Präsidenten dar. Da die Kontrolle durch die Konventionsorgane nur *a posteriori* ausgeübt wird und zudem zu keiner Aufhebung von konventionswidrigen Maßnahmen führt (Art. 50 MRK), ist der Präsident auch weiterhin in der Lage, die ihm zur Erhaltung der staatlichen Kontinuität erforderlich erscheinenden Initiativen zu entfalten[61].

---

[57] Vgl. *Coussirat-Coustère*, JDI 1975, S. 277; *Questiaux*, R. D. H., Vol. III (1970), S. 659; *Pellet*, RDP 1974, S. 1365; *Voisset*, L'Article 16, S. 257 ff. und Annexe III.
[58] Vgl. *Verdross*, Völkerrecht, S. 166.
[59] Vgl. in diesem Zusammenhang die Ausführungen des französischen Außenministers *Jobert* vor der Nationalversammlung, J. O., Débats Parl., A. N., 20 décembre 1973, S. 7280.
[60] Vgl. die Zusammenfassung des Regierungsstandpunkts durch den Berichterstatter *Poudonson* während der Senatsdebatte vom 30. 10. 1973, J. O., Débats Sénat, S. 1539.
[61] *Questiaux*, R. D. H., Vol. III (1970), S. 662 f.; *Pellet*, RDP 1974, S. 1363.

c) Anzuwendendes Prüfungsschema

Auf Grund des französischen Vorbehalts zu Art. 15 MRK ergibt sich für die Konventionsorgane in einem praktischen Anwendungsfall demnach folgendes Prüfungsschema: Die Voraussetzungen für die Ergreifung von Notstandsmaßnahmen sind den entsprechenden französischen Ermächtigungsgrundlagen, d. h. entweder dem Art. 16 der Verfassung („menace grave et immédiate", „interruption du fonctionnement régulier des pouvoirs publics constitutionnels") oder den im Vorbehalt genannten Ausnahmegesetzen („péril imminent ...") zu entnehmen. Insoweit wird die strengere Notstandsdefinition des Art. 15 Abs. 1 MRK „guerre ou autre danger public menaçant la vie de la nation" auf Grund des Vorbehalts ersetzt. Der zulässige Umfang der getroffenen Maßnahmen richtet sich sodann, falls sie vom Präsidenten angeordnet wurden, nach Art. 16 der Verfassung („mesures exigées par les circonstances"), in den übrigen Fällen nach Art. 15 Abs. 1 MRK („dans la stricte mesure où la situation l'exige"). Schließlich ist auf der Grundlage des Art. 15 MRK zu prüfen, ob die betreffenden Maßnahmen nicht in Widerspruch zu sonstigen völkerrechtlichen Verpflichtungen stehen (Abs. 1), ob keines der notstandsfesten Grundrechte verletzt ist (Abs. 2) und ob die den Vertragsparteien obliegende Informationspflicht erfüllt wurde (Abs. 3).

Wie das Prüfungsschema zeigt, ist die Bedeutung des französischen Vorbehalts im wesentlichen darin zu sehen, daß hierdurch der den Staaten bei der Bestimmung der Notstandssituation sowie der Auswahl der erforderlichen Maßnahmen bereits im Rahmen des Art. 15 Abs. 1 MRK zugebilligte Ermessensspielraum[62] im Falle Frankreichs weiter ausgedehnt wird[63], während die Prüfungskompetenz der Konventionsorgane im übrigen unberührt bleibt. Damit hat der französische Vorbehalt noch nicht den Umfang angenommen, der einen Verstoß gegen Art. 64 MRK bzw. eine teilweise Beseitigung des Kontrollsystems der MRK bedeuten würde. Es handelt sich vielmehr um ein rechtspolitisch zwar unerwünschtes, im Rahmen der Konvention jedoch zulässiges Vorgehen, das unter dem Gesichtspunkt des „moindre mal" in Kauf zu nehmen ist[64, 65, 66].

---

[62] Vgl. die Ausführungen in diesem Kapitel unter 2. d).

[63] *Coussirat-Coustère*, JDI 1975, S. 289.

[64] Vgl. *Marcus-Helmons*, RDIC 1968, S. 16; a. A. *Zanghi*, Studi di diritto europeo in onore di Riccardo Monaco, S. 826 f., der den französischen Vorbehalt für zu weitgehend hält.

[65] Ähnliches gilt für den Interpretationsvorbehalt, den Spanien bei der Hinterlegung der Ratifikationsurkunde am 4. 10. 1979 in bezug auf Art. 15 MRK erklärt hat. Er lautet in der französischen Fassung (vgl. YB XXII, S. 25; BGBl. 1980 II, S. 78):

„L'Espagne déclare qu'elle interprète:
..
2. Les dispositions des articles 15 et 17 dans le sens qu'elles permettent l'adoption des mesures envisagées aux articles 55 et 116 de la Constitution espagnole."

Gemäß Art. 55 Abs. 1 der spanischen Verfassung können im Falle des Ausnahme- oder Belagerungszustandes folgende Verfassungsrechte aufgehoben werden: Recht auf Freiheit und Sicherheit (Art. 17), Unverletzlichkeit der Wohnung, Briefgeheimnis (Art. 18 Abs. 2 und 3), Recht auf Freizügigkeit (Art. 19), Meinungs- und Informationsfreiheit (Art. 20 Abs. 1 a) und d) und Abs. 5), Versammlungsfreiheit (Art. 21), Recht auf Arbeitskampfmaßnahmen, Streikrecht (Art. 37 Abs. 2, Art. 28 Abs. 2). Die verfahrensmäßigen Voraussetzungen für die Erklärung des Ausnahme- oder Belagerungszustandes finden sich in Art. 116.

[66] Die weitere Frage, ob Art. 64 MRK auch Vorbehalte zu den in Art. 15 Abs. 2 MRK für „notstandsfest" erklärten Konventionsrechten ermöglicht, ist auf dem 5. Internationalen Kolloquium über die Europäische Menschenrechtskonvention vom 9. - 12. 4. 1980 in Frankfurt a. M. ausführlich diskutiert worden (Berichte und Diskussionsbeiträge sind z. Zt. noch unveröffentlicht). Angesichts der verschiedenen Zielrichtungen, die beide Bestimmungen verfolgen, ist diese Frage zu bejahen (so auch Berichterstatter *Stein* in seiner Schlußbemerkung).

Zweites Kapitel

Die materiellen Voraussetzungen der Suspendierungsmaßnahmen

1. Krieg

Nach *Oppenheim / Lauterpacht*[1] ist unter Krieg eine bewaffnete Auseinandersetzung zwischen zwei oder mehreren Staaten „for the purpose of overpowering each other and imposing such conditions of peace as the victor pleases" zu verstehen. Dieser beginnt entweder durch eine Kriegserklärung, der ein Ultimatum mit bedingter Kriegserklärung gleichsteht, oder durch Eröffnung von Feindseligkeiten in der Absicht, den Kriegszustand herbeizuführen[2]. Aus der Gegenüberstellung von „Krieg" und „Notstand, der das Leben der Nation bedroht" in Art. 15 MRK wird man allerdings voraussetzen müssen, daß es bereits zu militärischen Operationen von größerem Umfang und von gewisser Intensität gekommen ist und sich hieraus eine ernsthafte Bedrohung des betreffenden Staates ergibt[3]. Die von dem Kommissionsmitglied *Süsterhenn* im *Fall Lawless* vertretene Auffassung, die Konventionsverfasser seien bei der Formulierung der Notstandsklausel vom Begriff des totalen Krieges ausgegangen[4], erscheint indessen zu weitgehend, da sich diesbezügliche Schlüsse aus dem Wortlaut des Art. 15 MRK kaum herleiten lassen[5].

Da Art. 15 MRK nicht zwischen Angriffs- und Verteidigungskrieg unterscheidet und auch ein Angreifer — etwa als Folge kollektiver Verteidigungs- oder Sanktionsmaßnahmen — in eine für ihn bedrohliche Lage geraten kann, fragt es sich, ob gegebenenfalls auch dieser

---

[1] International Law, Bd. 2, S. 202; vgl. in diesem Zusammenhang auch *Kunz*, Stichwort „Kriegsbegriff", in: Strupp / Schlochauer, Wörterbuch des Völkerrechts, Bd. 2, S. 329.

[2] Vgl. *Mosler*, Stichwort „Kriegsbeginn", in: Strupp / Schlochauer, Wörterbuch des Völkerrechts, Bd. 2, S. 326.

[3] Vgl. *Guradze*, Die Europäische Menschenrechtskonvention, S. 196; *Partsch*, Rechte und Freiheiten, S. 75; *Antonopoulos*, La jurisprudence, S. 218.

[4] CEDH, Série B, 1960 - 1961, S. 94.

[5] Vgl. *Antonopoulos*, La jurisprudence, S. 218 f. sowie die Kommissionsmitglieder *Waldock, Berg, Faber, Crosbie* und *Erim* im *Fall Lawless*, CEDH, Série B, 1960 - 1961, S. 81.

Konventionsrechte unter Berufung auf Art. 15 MRK außer Kraft setzen kann.

Gegen eine derartige Annahme scheint zunächst Art. 17 MRK zu sprechen, wonach keine Konventionsbestimmung so ausgelegt werden darf, daß diese Auslegung ein irgendgeartetes Recht eines Staates impliziert, eine Tätigkeit auszuüben oder Handlungen zu begehen, die auf die Abschaffung irgendeines der Konventionsrechte oder eine weitergehende Einschränkung, als es in der Konvention vorgesehen ist, hinzielt. Selbst wenn man diese Bestimmung mit dem Verfasser auch im Falle des Art. 15 MRK für anwendbar hält[6], ist jedoch zu berücksichtigen, daß Art. 17 MRK von seiner Zielrichtung her lediglich die Art und den Umfang der Ausübung der in der Konvention gewährten Rechte und Freiheiten betrifft[7], deren Bestehen logischerweise vorausgesetzt wird. Die hier interessierende Frage, ob sich unter Umständen auch ein Angreifer auf Art. 15 MRK berufen kann, bezieht sich dagegen auf eine Tatbestandsvoraussetzung der Notstandsklausel, die von Art. 17 MRK nicht berührt wird. Gegen die Anwendung des Art. 15 MRK im Falle eines Angriffskriegs durch den Angreiferstaat lassen sich somit aus Art. 17 MRK keine Argumente herleiten[8].

Andererseits ist zu berücksichtigen, daß ein Angriffskrieg sowohl gegen das Gewaltverbot des Art. 2 Absatz 4 UN-Satzung verstößt als auch in Widerspruch zu dem in der Präambel der Menschenrechtskonvention enthaltenen Friedensbekenntnis steht. Unter diesen Umständen erscheint die Berufung eines Angreiferstaates auf Art. 15 MRK — d. h. auf eine durch Rechtsbruch erworbene Rechtsposition — jedoch als Rechtsmißbrauch. Man wird daher davon ausgehen müssen, daß ein Vertragsstaat, der unter Verletzung des universellen Gewaltverbotes[9] einen Angriffskrieg beginnt, sein Recht aus Art. 15 MRK verwirkt hat[10].

---

[6] Gegen die Anwendbarkeit des Art. 17 MRK im Fall des Art. 15 MRK *Schorn*, MRK-Kommentar, Art. 17, Anm. 2. Näheres hierzu im 5. Kapitel unter 2.

[7] Und zwar unabhängig davon, ob man Art. 17 MRK für eine Auslegungsregel (*Guradze*, Die Europäische Menschenrechtskonvention, S. 28) oder für eine materielle Ausübungsschranke (*Partsch*, Rechte und Freiheiten, S. 80) hält; a. A. *Schorn*, MRK-Kommentar, Art. 17, Anm. 1, der in der Bestimmung einen Verwirkungstatbestand sieht.

[8] Im Ergebnis ebenso *Wurst*, Völkerrechtliche Sicherung der Menschenrechte, S. 56.

[9] Zum gegenwärtigen Umfang des Gewaltverbotes vgl. *Neuhold*, Internationale Konflikte, S. 55 ff. mit weiteren Literaturhinweisen.

[10] So auch *Partsch*, Rechte und Freiheiten, S. 75; a. A. *Schorn*, MRK-Kommentar, Art. 15, Anm. 2 sowie *Wurst*, Völkerrechtliche Sicherung der Menschenrechte, S. 56, der einem Angreiferstaat allerdings nur aus Zweckmäßigkeitserwägungen die Suspendierungsmöglichkeit nach Art. 15 MRK erhalten möchte.

2. Notstand

Im Gegensatz zu dem aus dem Völkerrecht stammenden Kriegsbegriff handelt es sich beim Notstand um einen Begriff aus dem Bereich der innerstaatlichen Rechtsanwendung, der auf das engste mit der geschichtlichen Entwicklung des betreffenden Staates verbunden ist. Angesichts der in den Konventionsstaaten auf Grund der unterschiedlichen Verfassungstraditionen anzutreffenden zahlreichen Varianten[11] des Notstands wäre es jedoch wenig sinnvoll, in Art. 15 MRK insoweit einen bloßen Verweisungstatbestand auf das nationale Recht zu sehen. Es ist vielmehr anzunehmen, daß die MRK hier zur Bildung eines autonomen Notstandsbegriffs tendiert, der sich zwar an innerstaatlichen Grundsätzen, Vorstellungen und Rechtssätzen inspiriert, diese aber nicht rezipiert[12]. Im folgenden soll zunächst versucht werden, die bisherige Entwicklung anhand der Praxis der Konventionsorgane aufzuzeigen, um sodann — unter Einbeziehung rechtsvergleichender Gesichtspunkte — zu einer Darstellung des Notstandsbegriffs in Art. 15 MRK zu gelangen.

a) Die Rechtsprechung der Konventionsorgane

Nach der von der Kommissionsmehrheit im *Fall Lawless* vertretenen Ansicht sind die Notstandsvoraussetzungen des Art. 15 MRK so klar und eindeutig formuliert, daß kein Grund besteht, zu ihrer näheren Bestimmung auf die Vorarbeiten der Konvention zurückzugreifen[13]. Dennoch sah sich die Kommission zu einer Definition des Begriffs „public emergency threatening the life of the nation" veranlaßt, den sie als

> „situation of exceptional and imminent danger or crisis affecting the general public, as distinct from particular groups, and constituting a threat to the organised life of the community which composes the State in question"

beschrieb[14]. Diese Formulierung enthält neben einer Charakterisierung der Gefahrensituation („exceptional", „imminent") zugleich eine Defi-

---

[11] Vgl. hierzu *Ballreich u. a.*, Das Staatsnotrecht in Belgien, Frankreich, Großbritannien, Italien, den Niederlanden und den Vereinigten Staaten von Amerika sowie die rechtsvergleichenden Darstellungen des ausländischen Notstandsrechts von *Mosler, Huber Doehring* und *Petrén* im Rahmen der Notstandshearings des Deutschen Bundestags (Protokoll der 4. öffentlichen Informationssitzung des Rechts- und Innenausschusses vom 7. 12. 1967).

[12] Vgl. in diesem Zusammenhang *Mosler*, Rechtsvergleichung vor völkerrechtlichen Gerichten, in: Internationale Festschrift für A. Verdross, S. 397 f.

[13] Bericht der Kommission, CEDH, Série B, 1960 - 1961, S. 81. Zur Bedeutung der Vorarbeiten eines Vertrages für dessen Auslegung vgl. *Bernhardt*, Die Auslegung völkerrechtlicher Verträge, S. 109 ff.

[14] CEDH, Série B, 1960 - 1961, S. 82.

2. Notstand

nition des Begriffs „nation", der entsprechend seiner Bedeutung in den beiden authentischen — englischen und französischen — Konventionstexten im Sinne von „Staatsvolk", „Staatsnation" verstanden wird[15], jedoch nicht unbedingt die volle völkerrechtliche Selbständigkeit der hiermit bezeichneten Gemeinschaft voraussetzt. Bereits im *ersten Zypern-Fall* hatte die Kommission den Begriff folgendermaßen definiert[16]:

„The term ‚nation' means the people and its institutions, even in a non-self governing territory, or in other words, the organised society, including the authorities responsible both under domestic and international law for the maintenance of law and order."

Im *Fall Lawless* sah die Kommissionsmehrheit den öffentlichen Notstand darin begründet, daß auf dem Staatsgebiet der Republik Irland eine illegale Organisation (Irish Republican Army = IRA) bestand, die die verfassungsmäßige Ordnung mißachtete und zur Erreichung ihres Ziels — der Beendigung der Teilung Irlands — Gewaltakte beging, was die Bereitstellung umfangreicher Polizei- und Sicherheitskräfte erforderte, sowie in der Tatsache, daß diese Organisation auch außerhalb des Staatsgebietes operierte und damit die Beziehungen der Republik Irland zu ihrem Nachbarland schwer belastete[17].

Ebenso wie die Kommission ging im weiteren Verlauf des Verfahrens auch der Gerichtshof in seinem Urteil bei der Bestimmung des Notstandsbegriffs allein vom Wortlaut („sens normal et habituel des mots") des Art. 15 MRK aus. In enger Anlehnung an die Kommissionsmehrheit definierte er den Begriff als

„une situation de crise ou de danger exceptionnel et imminent qui affecte l'ensemble de la population et constitue une menace pour la vie organisée de la communauté composant l'Etat"[18].

Diese von ihm formulierten Notstandsvoraussetzungen sah der Gerichtshof auf Grund der bereits im Kommissionsbericht festgestellten Tatsachen als erfüllt an, wobei er insbesondere auf das fortschreitende und alarmierende Anwachsen der terroristischen Aktivität seit Herbst 1956 hinwies, die ihren Höhepunkt in dem tödlichen Hinterhalt vom 3./4. Juli 1957 auf dem Territorium Nordirlands nahe der Grenze erreicht hatte.

---

[15] Im deutschen Sprachgebrauch wird dagegen zwischen Staat und Nation unterschieden und mit Nation ein Volk als Träger einer spezifischen Kulturgestalt bezeichnet, auch wenn es nicht in einem eigenen staatlichen Rahmen zusammengefaßt ist; vgl. *Monzel*, Stichwort „Nation", in: Staatslexikon (hrsg. von der Görres-Gesellschaft) Bd. 5, Sp. 886.
[16] Zitiert nach dem Kommissionsmitglied *Eustathiades*, YB XII, S. 82.
[17] Die Entscheidung erging mit 9 zu 5 Stimmen, vgl. CEDH, Série B, 1960 - 1961, S. 81 ff.
[18] „Lawless" Case (Merits), Judgment of 1st July 1961, CEDH, Série A, 1960 - 1961, S. 56.

An den Entscheidungen des Gerichtshofs und der Kommission wurde in der Literatur teilweise heftige Kritik geübt mit der Begründung, die beiden Rechtsprechungsorgane seien einerseits von einer restriktiven Interpretation des Notstandsbegriffs in Art. 15 MRK ausgegangen, andererseits hätten sie den Sachverhalt jedoch in allzu großzügiger Weise unter diesen Begriff subsumiert[19]. Bereits im Kommissionsbericht hatte das Kommissionsmitglied *Eustathiades* unter Hinweis auf die Vorarbeiten zu Art. 15 MRK und zu Art. 4 des UN-Menschenrechtspaktes vor einer zu weiten Auslegung des Notstandsbegriffs gewarnt. Nach seiner Ansicht bestand in Irland zu dem fraglichen Zeitpunkt lediglich eine Gefahr für die öffentliche Sicherheit und Ordnung, der mit den Einschränkungsmöglichkeiten nach den Art. 8 - 11 Abs. 2 MRK zu begegnen war[20]. In ähnlichem Sinne äußerte sich auch das Kommissionsmitglied *Süsterhenn*, der darauf hinwies, daß das Leben in Irland trotz der Aktivitäten der IRA im großen und ganzen normal verlief, so daß man im Rahmen des Art. 15 MRK allenfalls von einer „potential emergency" sprechen konnte[21].

In der Tat scheint auch die Kommissionsmehrheit nicht unbedingt von dem Bestehen einer akuten Gefahrensituation für den Bestand der irischen Nation überzeugt gewesen zu sein. Bestimmte Formulierungen in Kommissionsbericht lassen vielmehr den Schluß zu, daß sie die irische Regierung aus Zweckmäßigkeitsgründen für berechtigt hielt, bereits vor Eintritt der sich abzeichnenden ernsten Gefahrenlage geeignete Schritte zu unternehmen, um auf diese Weise später etwa erforderlich werdende einschneidendere Maßnahmen überflüssig zu machen[22]. Von ähnlichen Erwägungen hat sich — in einem gewissen Umfang — anscheinend auch der Gerichtshof leiten lassen, der in seinem Urteil ausdrücklich einräumte, daß es der irischen Regierung bis zu dem fraglichen Zeitpunkt gelungen war, trotz schwerwiegender Um-

---

[19] Vgl. *Huber*, ZaöRV 21 (1961), S. 664; *Morrison Jr.*, The Developing European Law of Human Rights, S. 169 f. sowie *Antonopoulos*, La jurisprudence, S. 221.

[20] CEDH, Série B, 1960 - 1961, S. 90 ff.

[21] CEDH, Série B, 1960 - 1961, S. 94 ff.; vgl. ferner die Stellungnahmen der Kommissionsmitglieder *Dominedo* (S. 98 ff.) und *Janssen-Pevtschin* (S. 100 ff.).

[22] So wird im Kommissionsbericht beispielsweise auf S. 87 ausgeführt: „In the actual circumstances of the case we do not think that we should be justified in approaching the matter on the basis that the Government of the Republic could safely assume that the IRA attacks would not be productive of serious reactions on the part of the United Kingdom Government and, in particular, of the Government of Northern Ireland."
Einschränkend heißt es bereits auf S. 86 f.: „The mere existence within a State of an illegal organization, which declines to recognize the legal authority of the elected Government and recruits and equips with arms an underground military force, appears to us to represent to some degree a threat to the life of a democratically organized State."

stände allein mit den Mitteln der ordentlichen Gesetzgebung die normale Funktionsfähigkeit der öffentlichen Einrichtungen zu erhalten[23].

Der *Griechenland-Fall* gab der Kommission erneut Gelegenheit, sich mit dem Notstandsbegriff des Art. 15 MRK zu befassen. Ausgehend von der Notstandsdefinition des Gerichtshofs im *Fall Lawless* stellte sie vier Bedingungen auf, die eine Notstandssituation ihrer Ansicht nach im Hinblick auf Art. 15 MRK erfüllen muß[24]:

„(1) It must be actual or imminent.

(2) Its effects must involve the whole nation.

(3) The continuance of the organised life of the community must be threatened.

(4) The crisis or danger must be exceptional, in that the normal measures or restrictions, permitted by the Convention for the maintenance of public safety, health and order, are plainly inadequate."

Hierdurch wurde der von dem Gerichtshof und der Kommission bisher verwendete Notstandsbegriff — teilweise wohl auch unter dem Eindruck der auf Grund der *Lawless-Entscheidung* entstandenen Kritik — in zweifacher Hinsicht modifiziert: Zum einen wurde durch die zusätzliche Verwendung des Wortes „actual" neben dem Wort „imminent" in Punkt (1) der Notstandsbegriff in zeitlicher Hinsicht verkürzt und dadurch die Möglichkeit der Regierung eingeschränkt, schon vor Eintritt der eigentlichen Notstandssituation auf Art. 15 MRK zurückzugreifen. Zum anderen wurde die Anwendung von Notstandsmaßnahmen in Punkt (4) davon abhängig gemacht, daß zuvor vergeblich versucht worden ist, mit den normalen Einschränkungsmöglichkeiten der MRK der Lage Herr zu werden.

Auf Grund ihrer Ermittlungen kam die Kommission zu dem Ergebnis, daß in Griechenland weder zum Zeitpunkt des Militärputsches noch in dem Zeitraum danach eine Notstandssituation in dem von ihr definierten Sinne vorgelegen hat[25]. Ihrer Ansicht nach hatte der in der Zeit vor dem Putsch zu verzeichnende Zustand politischer Instabilität trotz zahlreicher Demonstrationen und Streiks sowie vereinzelter Waffenfunde bei linksextremen Gruppierungen noch nicht das Ausmaß angenommen, daß man von einer Gefahr für den Bestand der griechischen Nation sprechen konnte. Ebenso seien die staatlichen Organe in der Zeit nach dem Putsch jederzeit in der Lage gewesen, den Aktivitäten illegaler Organisationen, insbesondere den sich seit Sommer 1967 häu-

---

[23] „Lawless" Case (Merits), Judgment of 1st July 1961, CEDH, Série A, 1960 - 1961, S. 56.

[24] Bericht der Kommission, YB XII, S. 72.

[25] Die Entscheidung erging mit 10 zu 5 Stimmen, vgl. YB XII, S. 76 und 100.

fenden Bombenanschlägen und Sabotageakten, mit Hilfe der normalen gesetzlichen Mittel Einhalt zu gebieten[26].

Für den Gerichtshof bestand seit seiner Entscheidung im *Fall Lawless* bisher kein Anlaß, sich erneut näher mit dem Notstandsbegriff des Art. 15 MRK auseinanderzusetzen. Inwieweit er bereit ist, einer strengeren Interpretation des Begriffs zu folgen, bleibt abzuwarten[27].

b) Der Notstandsbegriff des Art. 15 MRK

Auf Grund der bisherigen Rechtsprechung der Konventionsorgane und unter Einbeziehung rechtsvergleichender Gesichtspunkte läßt sich der Notstandsbegriff des Art. 15 MRK folgendermaßen beschreiben:

Zunächst muß es sich um eine außergewöhnliche Krisen- oder Gefahrensituation handeln, die über eine normale Gefährdung der öffentlichen Sicherheit und Ordnung hinausgeht und die mit konventionsgemäßen Maßnahmen nicht ausreichend bekämpft werden kann[28]. Die Ursache der Gefahr (Aufruhr, Aufstand, Katastrophenfälle) sowie deren Ursprung (äußerer oder innerer Notstand) spielen hierbei keine Rolle[29]. Ebensowenig kommt es in diesem Zusammenhang auf die Gefährlichkeit der eingesetzten Mittel an: Unter Umständen kann ein

---

[26] Von den in der Minderheit gebliebenen Kommissionsmitgliedern vertrat dagegen insbesondere *Ermacora* die Ansicht, daß die Lage in Griechenland nach dem Putsch im wesentlichen derjenigen im *Fall Lawless* entsprochen habe, obwohl er die Anwendung des Art. 15 MRK aus anderen Gründen (Art. 17, 18 MRK) ablehnte; YB XII, S. 102. Vgl. in diesem Zusammenhang ferner die Kritik von *Tremblay*, Les Cahiers de Droit 18 (1977), S. 34 ff.

[27] Im *Nordirland-Fall* erübrigte sich eine nähere Auseinandersetzung mit dem Begriff, weil das Vorliegen einer Notstandssituation im fraglichen Zeitpunkt von keiner Seite bestritten worden war.

[28] Kommission, YB XII, S. 72; *Antonopoulos*, La jurisprudence, S. 221; *Vélu*, Mélanges H. Rolin, S. 472.

[29] Anders dagegen die Notstandsregelungen verschiedener Konventionsstaaten, in denen entweder auf die Ursachen der Gefahr abgestellt wird wie z. B. Art. 1 des französischen Gesetzes über den Belagerungszustand vom 3. 4. 1878 — D. P. 78.4.27 — („Krieg oder bewaffneter Aufstand"), Art. 1 des niederländischen Gesetzes über die außerordentlichen Befugnisse der Zivilgewalt vom 23. 6. 1952 — Stb. 361 — („Aufruhrbewegung, Unruhen oder ähnliche Störungen der öffentlichen Ordnung") sowie Art. 24 der türkischen Verfassung vom 27. 5. 1961, zuletzt geändert am 15. 3. 1973, — *Mayer-Tasch*, S. 728 — („Krieg", „Aufstand", „eine gegen das Vaterland und die Republik gerichtete starke und aktive Bewegung") oder die wie die Notstandsregelungen der griechischen Verfassung vom 11. 6. 1975 (Art. 48) — abgedr. bei *Papadimitriou*, EuGRZ 1976, S. 154 — und des Grundgesetzes (Art. 115 a Abs. 1, Art. 80 a Abs. 1 und 3, Art. 35 Abs. 2 und 3) sogar eine Kombination der beiden Kriterien enthalten.
Zur Notstandsregelung des Grundgesetzes vgl. insbesondere *Doehring*, Staatsrecht, S. 256 ff. sowie *Lenz*, Notstandsverfassung. Bezüglich weiterer Einteilungskriterien vgl. *Folz*, Staatsnotstand, S. 33 ff. sowie *Töndury*, Der Begriff des Notstandes, S. 138 ff.

2. Notstand

passiver Widerstand oder Streik für das Leben der Nation weit gefährlicher sein als der vereinzelte Einsatz von Waffen[30].

Die Krisensituation muß ferner gegenwärtig sein oder unmittelbar bevorstehen[31]. Die bloße sich abzeichnende Möglichkeit einer zukünftigen Gefahr genügt daher nicht; es müssen vielmehr bereits konkrete Anhaltspunkte vorliegen, aus denen sich mit hinreichender Wahrscheinlichkeit auf eine bevorstehende Krisensituation schließen läßt[32]. Dies bedeutet andererseits jedoch nicht, daß die betroffene Regierung abwarten muß, bis sich eine zunächst als möglich erscheinende Gefährdung des Lebens der Nation zu einer tatsächlichen Notstandslage konkretisiert hat[33]. Eine Vertragspartei hat vielmehr das Recht, schon vor Eintritt der eigentlichen Notstandssituation Präventivmaßnahmen zu ergreifen, um der drohenden Gefahr angemessen begegnen zu können[34], wobei der ihr zustehende Spielraum allerdings sehr eng bemessen ist.

Eine weitere Voraussetzung ist, daß die geschilderte Gefahrensituation in ihren Auswirkungen die Gesamtheit der Bevölkerung berührt[35]. Lokale Krisenherde oder isoliert vorkommende Einzelakte, die keinen organisatorischen Zusammenhang erkennen lassen, genügen — unabhängig von den im Einzelfall zu verzeichnenden Beeinträchtigungen — insoweit nicht[36]. Eine Besonderheit besteht allerdings für Staaten, deren Staatsgebiet keine territoriale Einheit bildet. Da der in Art. 15 MRK verwendete Begriff der Nation keine volle völkerrechtliche Selbständigkeit der hiermit bezeichneten Gemeinschaft bzw. des betreffenden Gebiets voraussetzt[37], reicht es beispielsweise aus, wenn in einem Kolonialstaat die Gefahr entweder die Bevölkerung des kolonialen Territoriums oder die Bevölkerung des Mutterlandes betrifft.

---

[30] Vgl. *Wurst*, Völkerrechtliche Sicherung der Menschenrechte, S. 65.
[31] Kommission, YB XII, S. 72.
[32] Vgl. in diesem Zusammenhang etwa Art. 1 des niederländischen Gesetzes über die außerordentlichen Befugnisse der Zivilgewalt vom 23. 6. 1952 — Stb. 361 —, wo zumindest die „ernsthafte Besorgnis" des Entstehens einer derartigen Situation vorausgesetzt wird.
[33] Vgl. die Stellungnahme des Kommissionspräsidenten, *Sir Humphrey Waldock*, bei der mündlichen Verhandlung im *Fall Lawless* vom 10. 4. 1961, CEDH, Série B, 1960 - 1961, S. 412 sowie *Monconduit*, La Commission Européenne, S. 456.
[34] *Tremblay*, Les Cahiers de Droit 18 (1977), S. 51.
[35] Urteil des Gerichtshofs im *Fall Lawless*, CEDH, Série A, 1960 - 1961, S. 56. Vgl. in diesem Zusammenhang auch die Kommentierung des UN-Generalsekretärs zu Art. 4 des UN-Menschenrechtspaktes, der im wesentlichen dem Art. 15 MRK entspricht:
„The present wording is based on the view that public emergency should be of such a magnitude as to threaten the life of the nation as a whole [and that it] would avoid any doubt as to whether the intention was to refer to all or some of the people" (UN-Doc. A/2929, S. 66 f.).
[36] *Fawcett*, The Application of the European Convention, S. 246; *Wurst*, Völkerrechtliche Sicherung der Menschenrechte, S. 69.
[37] Vgl. die Ausführungen in diesem Kapitel unter 2. a).

Die Gefahrensituation muß schließlich eine Bedrohung für den Bestand der Nation im Sinne der den Staat bildenden organisierten Gemeinschaft darstellen, wobei zwischen einer Bedrohung des Staatsvolkes und einer Bedrohung des Staates selbst unterschieden werden kann[38]:

Eine Bedrohung für den Bestand des Staatsvolkes liegt einmal vor, wenn durch den Einsatz von Massenvernichtungswaffen oder auf Grund schwerer Naturkatastrophen die physische Existenz aller oder zumindest eines großen Teils der Bevölkerung gefährdet ist. Sie ist aber auch dann gegeben, wenn infolge innerer oder äußerer Umstände die Lebensvoraussetzungen der Bewohner, wie etwa die ausreichende Versorgung mit Lebensmitteln und Rohstoffen, bedroht sind[39].

Der Bestand des Staates als solcher ist schließlich bedroht, wenn die vorherrschenden Handlungen oder Ereignisse zugleich einen Eingriff in die staatliche Unabhängigkeit, die territoriale Integrität sowie in die Einrichtungen des Staates einschließlich des ungehinderten Funktionierens seiner Organe darstellen[40]. Im letzteren Fall kommt es nicht unbedingt darauf an, daß die staatlichen Organe auf verfassungsmäßige Weise eingesetzt wurden; es genügt vielmehr, wenn diese in ihrer Funktion allgemein akzeptiert werden[41].

---

[38] Eine derartige Unterscheidung findet sich u. a. auch in der Notstandsregelung des Art. 24 der türkischen Verfassung („Bestand von Staatsgebiet und Staatsvolk") sowie in Art. 1 des niederländischen Gesetzes über die außerordentlichen Befugnisse der Zivilgewalt („Bedrohung der Rechtsordnung oder der Existenz des Volkes"); Fundstellen siehe Anm. 29.

[39] *Fawcett*, The Application of the European Convention, S. 246; *Wurst*, Völkerrechtliche Sicherung der Menschenrechte, S. 67. Vgl. in diesem Zusammenhang auch den britischen Emergency Powers Act, 1964 (1964, c. 38), wonach ein Notstand ausgerufen werden kann „if at any time it appears to Her Majesty that there have occured ... events of such a nature as to be calculated, by interfering with the supply and distribution of food, water, fuel or light, or with the means of locomotion, to deprive the community ... of the essentials of life".

[40] *Antonopoulos*, La jurisprudence, S. 223. Vgl. in diesem Zusammenhang auch Art. 16 der französischen Verfassung vom 4. 10. 1958; Text und Fundstelle siehe 1. Kapitel, Anm. 48.

[41] Vgl. den Bericht der Kommission im *Fall Griechenland* (YB XII, S. 32) sowie deren Zulässigkeitsentscheidung im Fall der *Staatenbeschwerden Zypern - Türkei* (YB XVIII, S. 116).

Drittes Kapitel

Der zulässige Umfang der Suspendierungsmaßnahmen

1. Das Übermaßverbot

Liegen die in dem vorangegangenen Kapitel beschriebenen Notstandsvoraussetzungen vor, so dürfen die in der Konvention vorgesehenen Verpflichtungen nur in dem Umfang außer Kraft gesetzt werden, den die Lage unbedingt erfordert („to the extent strictly required by the exigencies of the situation" / „dans la stricte mesure où la situation l'exige"). Mit dieser Formulierung haben die Konventionsverfasser das Übermaßverbot, das bereits in zahlreichen Konventionsbestimmungen enthalten ist[1] und deshalb als allgemeines Prinzip der Vorbehaltssystematik der MRK angesehen werden kann[2], ausdrücklich auch im Fall des Art. 15 MRK für anwendbar erklärt.

a) Bedeutung des Verbots

Das Übermaßverbot unterwirft die staatlichen Suspendierungsmaßnahmen einer dreifachen Schranke[3]:

Von mehreren in Frage kommenden Maßnahmen müssen zunächst diejenigen außer Betracht bleiben, die von vornherein gar nicht geeignet sind, den angestrebten Zweck zu erreichen (Geeignetheit der Maßnahme). Eine zur Bekämpfung einer bestehenden Gefahrensituation völlig untaugliche Maßnahme kann nämlich niemals als auf Grund der Lage „unbedingt erforderlich" im Sinne des Art. 15 MRK angesehen werden.

Aus den zur Verfügung stehenden geeigneten Maßnahmen ist sodann diejenige auszuwählen, die im konkreten Fall den geringsten Eingriff

---

[1] Vgl. etwa Art. 2 Abs. 2 („unbedingt erforderliche Gewaltanwendung"), Art. 5 Abs. 1 lit. c („notwendige" Freiheitsentziehung), Art. 8 Abs. 2 und Art. 9 Abs. 2 („notwendige Maßnahmen"), sowie Art. 10 Abs. 2 und Art. 11 Abs. 2 („notwendige Einschränkungen").

[2] *Herzog*, AöR 86 (1961), S. 210; *Hoffmann-Remy*, Möglichkeiten der Grundrechtseinschränkung, S. 36.

[3] Zum Folgenden vgl. *Lerche*, Übermaß, S. 19 ff. sowie *Wolff / Bachof*, Verwaltungsrecht I, S. 179 (§ 30 II b 1).

in die Konventionsrechte bedeutet, d. h. Eingriffsintensität und Eingriffsdauer müssen auf das geringstmögliche Ausmaß beschränkt bleiben (Erforderlichkeit der Maßnahme).

Schließlich hat eine an sich geeignete und erforderliche Maßnahme dann zu unterbleiben, wenn die damit verbundenen Nachteile in keinem angemessenen Verhältnis zu dem bezweckten Erfolg stehen (Verhältnismäßigkeit der Maßnahme). Als Wertmaßstab, an dem die Angemessenheit der Maßnahme im Einzelfall geprüft werden muß, dienen hierbei die Grundsätze des demokratischen Rechtsstaates westeuropäischer Prägung[4].

b) Die Rechtsprechung der Konventionsorgane

Anhand der genannten Kriterien hatten Kommission und Gerichtshof im *Fall Lawless* zu untersuchen, ob die gegen den Beschwerdeführer auf Grund des Gesetzes Nr. 2 von 1940 — „Offences against the State (Amendmend) Act, 1940" — verhängte administrative Haft eine Maßnahme darstellte, die die damalige Lage in Irland unbedingt erforderte.

Nach Ansicht der Kommissionsmehrheit[5], die insoweit der Argumentation der irischen Regierung folgte, war der vorherrschenden Gefahrensituation auf Grund der in der Bevölkerung verbreiteten Furcht, gegen IRA-Mitglieder auszusagen, und der sich hieraus für die Gerichte ergebenden Beweisschwierigkeiten mit den Mitteln der ordentlichen Strafgerichtsbarkeit nicht zu begegnen. Die gleichen Bedenken ergaben sich gegenüber der in den Notstandsgesetzen von 1939 und 1940 vorgesehenen Einsetzung von Sonderstrafgerichten, da diese im wesentlichen die Beweisvorschriften des ordentlichen Verfahrens anzuwenden hatten[6]. Die daneben bestehende Alternative, die Strafverfolgung von Terroristen den Militärgerichten zu übertragen, erschien wegen Fehlens der wichtigsten Verfahrensgarantien sowie berechtigter Zweifel an der Unabhängigkeit der Militärrichter ebenfalls nicht angebracht. Demgegenüber hielt die Kommissionsmehrheit die der irischen Regierung auf Grund des Gesetzes Nr. 2 von 1940 eingeräumte Möglichkeit, verdächtige Personen ohne Einschaltung eines Richters in Haft zu nehmen, für ein geeignetes und angesichts der Umstände auch vertretbares Mittel; dies insbesondere deshalb, weil das Gesetz bestimmte Garantien gegen einen Mißbrauch der Haft enthielt (Kontrolle der Gesetzes-

---
[4] *Hoffmann-Remy*, Möglichkeiten der Grundrechtseinschränkung, S. 36; Näheres vgl. unten im 5. Kapitel unter 4.
[5] Bericht der Kommission, CEDH, Série B, 1960 - 1961, S. 113 ff.
[6] *Waldock*, der ebenfalls mit der Kommissionsmehrheit stimmte, teilte diese Bedenken allerdings nicht unbedingt. Er hielt die Argumentation der irischen Regierung jedoch für insgesamt vertretbar; CEDH, Série B, 1960 - 1961, S. 117 ff., 130.

anwendung durch das Parlament, Einsetzung einer Haftkommission) und jeder Inhaftierte die Möglichkeit hatte, durch Abgabe einer Loyalitätserklärung seine sofortige Entlassung aus der Haft zu erwirken. Sie kam deshalb zu dem Ergebnis, daß die gegen den Beschwerdeführer *Lawless* verhängte administrative Haft trotz der Schwere des Eingriffs eine Maßnahme darstellte, welche unter den gegebenen Umständen unbedingt erforderlich war[7].

Mit ähnlichen Argumenten wie die Kommissionsmehrheit lehnte auch der Gerichtshof in seinem Urteil eine Verletzung des Übermaßverbotes durch die irische Regierung ab. Er wies in seiner Begründung insbesondere auf die Schwierigkeiten der Strafverfolgungsbehörden hin, IRA-Mitglieder in Prozessen vor Straf- oder Militärgerichten zu überführen, was seiner Ansicht nach von dem militärischen und geheimen Charakter der einzelnen Gruppen, der in der Bevölkerung verbreiteten Furcht sowie der Tatsache herrührte, daß die Anschläge größtenteils außerhalb des Landes ausgeführt wurden[8].

Im Fall der Staatenbeschwerde Irlands gegen Großbritannien *(Nordirland-Fall),* der insoweit starke Parallelen zum *Fall Lawless* aufweist, kamen Kommission und Gerichtshof ebenfalls zu dem Ergebnis, daß die von den zuständigen Behörden in Nordirland während des Zeitraums von 1971 bis 1975 unter Anwendung verschiedener Notstandsvorschriften[9] gegen verdächtige Personen verhängte administrative Haft auf Grund der dort herrschenden Notstandssituation gerechtfertigt war. Sie wiesen in diesem Zusammenhang insbesondere auf die erstmals im Rahmen der „Detention of Terrorists (Northern Ireland) Order, 1972" erfolgte Einsetzung von juristisch erfahrenen Untersuchungsbeauftragten sowie die Errichtung einer unabhängigen Beschwerdeinstanz („Detention Appeal Tribunal") hin, wodurch den Inhaftierten die Möglichkeit eines gerichtsähnlichen Überprüfungsverfahrens eröffnet wurde[10]. Die Tatsache, daß die Rechtsgarantien für die Betroffenen erst nachträglich und dazu noch vor dem Hintergrund einer sich mehr und mehr verschlechternden Lage verbessert wurden, war für die beiden Konventionsorgane kein Anlaß, das von den Behörden ursprünglich angewandte Verfahren als nicht mehr durch Art. 15 MRK gedeckt anzu-

---

[7] Die Entscheidung erging mit 8 zu 6 Stimmen; CEDH, Série B, 1960 - 1961, S. 113.

[8] CEDH, Série A, 1960 - 1961, S. 58.

[9] Es handelte sich hierbei insbesondere um den „Civil Authorities (Special Powers) Act, 1922", die im Rahmen des „Northern Ireland (Temporary Provisions) Act, 1972" ergangene „Detention of Terrorists (Northern Ireland) Order, 1972" sowie den „Northern Ireland (Emergency Provisions) Act, 1973".

[10] ECHR, Application No. 5310/71 (Ireland against The United Kingdom of Great Britain and Northern Ireland), Report of the Commission, S. 101; European Court of Human Rights, Judgment of 18 January 1978, S. 71 f.

sehen. Ihrer Ansicht nach steht es einer Regierung frei, ihre zunächst getroffenen Maßnahmen auf Grund der gesammelten Erfahrung zu verbessern, ohne hierdurch in den Verdacht der Konventionsverletzung zu geraten[11].

Eine weitere Aussage zum Übermaßverbot im Rahmen des Art. 15 MRK ist schließlich in dem Bericht der Kommission im *Fall de Becker* enthalten, bei dem es um die Vereinbarkeit des während des letzten Krieges als zusätzliche Sanktion gegen die Kollaboration mit dem Feind in das belgische Strafgesetzbuch eingefügten Art. 123 sexies mit den Vorschriften der MRK ging. Die Kommission stellte hierin ausdrücklich fest, daß unter den Voraussetzungen des Art. 15 MRK ergriffene Suspendierungsmaßnahmen nur während der tatsächlichen Dauer der Krisensituation zulässig sind und jede über diesen Zeitraum hinausreichende Anwendung eine Konventionsverletzung darstellt[12].

2. Beachtung sonstiger völkerrechtlicher Verpflichtungen

Eine auf Grund der Notstandssituation an sich erforderliche Maßnahme ist gemäß Art. 15 MRK jedoch dann nicht zulässig, wenn der betreffende Staat hierdurch gegen seine sonstigen völkerrechtlichen Verpflichtungen verstoßen würde[13]. Als in diesem Zusammenhang zu beachtende Vorschriften kommen insbesondere die vier Genfer Rotkreuz-Abkommen von 1949[14] sowie der UN-Pakt über bürgerliche und politische Rechte von 1966[15] in Betracht:

---

[11] ECHR, S. 102; European Court of Human Rights, S. 71.
[12] Bericht der Kommission, CEDH, Série B, 1962, S. 11 ff. (133).
Von der geschilderten Rechtsprechung zu Art. 15 MRK abgesehen, haben sich die Konventionsorgane in zahlreichen weiteren Eingriffsfällen mit dem Übermaßverbot auseinandergesetzt: Vgl. etwa den Gerichtshof im *belgischen Sprachenfall* (Urteil vom 23. 7. 1968), CEDH, Série A Bd. 6, S. 34, § 10; im *belgischen Polizeigewerkschaftsfall* (Urteil vom 27. 10. 1975), CEDH, Série A Bd. 19, S. 20, § 46; im *Fall Handyside* (Urteil vom 7. 12. 1976), CEDH, Série A Bd. 24, S. 23, § 49 (vgl. insbesondere auch die *dissenting opinion* von Richter *Mosler*, S. 32 ff.) sowie im *Fall Sunday Times* (Urteil vom 26. 4. 1979), CEDH, Série A Bd. 30, S. 38, § 62.
[13] Vgl. in diesem Zusammenhang auch Art. 60 MRK, wonach keine Konventionsbestimmung als Beschränkung oder Minderung von Menschenrechten und Grundfreiheiten ausgelegt werden darf, die in den Gesetzen einer Vertragspartei oder einer anderen von ihr geschlossenen Vereinbarung festgelegt sind.
[14] I. - IV. Genfer Abkommen vom 12. August 1949, UNTS Bd. 75, S. 31 ff., 85 ff., 135 ff., 287 ff.; deutscher Text: *Hinz*, Kriegsvölkerrecht, Nr. 1540 ff. sowie BGBl. 1954 II, S. 783 ff., 813 ff., 838 ff., 917 ff.
[15] Internationaler Pakt über bürgerliche und politische Rechte vom 19. Dezember 1966, BGBl. 1973 II, S. 1533 ff.

2. Beachtung sonstiger völkerrechtlicher Verpflichtungen

a) Die Genfer Rotkreuz-Abkommen

Solange ein Konflikt keinen internationalen Charakter angenommen hat, ergeben sich für den betreffenden Staat aus den genannten Abkommen keine zusätzlichen über Art. 15 MRK hinausgehenden Beschränkungen. Die in diesem Fall gegenüber nicht unmittelbar an den Auseinandersetzungen beteiligten Personen anzuwendende Mindestschutzklausel[16] entspricht ihrem Inhalt nach in etwa derjenigen des Art. 15 Abs. 2 MRK. Sie verbietet in bezug auf den betroffenen Personenkreis:

— Angriffe auf das Leben und die Person, namentlich Tötung jeder Art, Verstümmelung, grausame Behandlung und Folterung;

— das Festnehmen von Geiseln;

— Beeinträchtigung der persönlichen Würde, namentlich erniedrigende und entwürdigende Behandlung;

— Verurteilungen und Hinrichtungen ohne vorhergehendes Urteil eines ordentlich bestellten Gerichts, das die von den zivilisierten Völkern als unerläßlich anerkannten Rechtsgarantien bietet.

Anders verhält es sich dagegen im Falle eines internationalen Konflikts, da hier die von den Rotkreuz-Abkommen umfaßten Personen (Angehörige der Streitkräfte, Kriegsgefangene, feindliche Zivilisten) teilweise einen erheblich über Art. 15 Abs. 2 MRK hinausgehenden Schutz genießen: So wird beispielsweise das gerichtliche Verfahren gegen Kriegsgefangene einer Reihe von Bedingungen unterworfen, wozu insbesondere die Unabhängigkeit und Unparteilichkeit des Gerichts, das Recht auf eine angemessene Verteidigung, das Verbot der Doppelbestrafung sowie das Recht auf Einlegung eines Rechtsmittels gehören[17]. Ähnliche Prozeßgarantien werden auch der Zivilbevölkerung zugesichert[18]. Eine zusätzliche Eingriffsschranke stellen ferner diejenigen Bestimmungen dar, die Kriegsgefangenen und Zivilpersonen ausdrücklich das Recht auf Achtung ihrer Person und Ehre sowie das Recht auf freie Religionsausübung zuerkennen[19]. Schließlich ist auf das in den Abkommen enthaltene Verbot hinzuweisen, den genannten Personenkreis zu Zwangsarbeiten militärischen Charakters oder zu Dienstleistungen in den feindlichen Streitkräften heranzuziehen[20].

---
[16] Es handelt sich jeweils um Art. 3 der einzelnen Abkommen.
[17] Abkommen Nr. III, Art. 84 - 108.
[18] Abkommen Nr. IV, Art. 71 - 76.
[19] Abkommen Nr. III, Art. 14 Abs. 1, Art. 34; Abkommen Nr. IV, Art. 27 Abs. 1, Art. 38 Ziff. 3.
[20] Abkommen Nr. III, Art. 50 lit. b, Art. 130; Abkommen Nr. IV, Art. 40 Abs. 2, Art. 147. Weitere Beispiele finden sich bei *Guradze*, Der Stand der Menschenrechte, S. 55 ff.

Als Ergebnis ist somit festzustellen, daß der den einzelnen Staaten in Art. 15 MRK eingeräumte Handlungsspielraum im Falle eines bewaffneten Konflikts von internationalem Charakter durch die Bestimmungen der Genfer Rotkreuz-Abkommen über die Schranke des Art. 15 Abs. 2 MRK hinaus eingeengt wird. Dies gilt jedoch nur hinsichtlich des durch die Abkommen geschützten Personenkreises, was insbesondere bei eigenen Staatsangehörigen sowie bei neutralen Ausländern nicht der Fall ist[21].

b) Der UN-Pakt über bürgerliche und politische Rechte

Trotz gewisser Übereinstimmungen zwischen beiden Menschenrechtsinstrumenten, die auf ihre gemeinsame Entstehungsgeschichte zurückzuführen sind[22], ergeben sich aus der Notstandsklausel des UN-Pakts (Art. 4) gegenüber Art. 15 MRK einige zusätzliche Beschränkungen sowohl materiellrechtlicher als auch verfahrensrechtlicher Art:

So gestattet Art. 15 Abs. 2 MRK beispielsweise die Suspendierung des in beiden Konventionen geschützten Rechtes auf Leben (Art. 6 UN-Pakt, Art. 2 MRK) in den Fällen, in denen der Tod „auf rechtmäßige Kriegshandlungen zurückzuführen" ist, während Art. 4 des UN-Pakts eine derartige Außerkraftsetzung nicht erlaubt. Da der UN-Pakt in seinem Art. 6 Abs. 1 jedoch nur die „willkürliche" Beraubung des Lebens verbietet, Tötungen im Rahmen rechtmäßiger Kriegshandlungen aber kaum unter dieses Verbot fallen werden[23], dürfte dieser Unterschied in der Praxis allerdings nur von geringer Bedeutung sein.

Darüber hinaus verbietet Art. 4 Abs. 2 des UN-Pakts die Außerkraftsetzung dreier Rechte, die in der MRK keinen entsprechenden Schutz genießen. Es sind dies die Freiheit vor Inhaftierung wegen einer vertraglichen Verpflichtung (Art. 11 UN-Pakt), das Recht, als rechtsfähig anerkannt zu werden (Art. 16 UN-Pakt) sowie die Gedanken-, Gewissens- und Religionsfreiheit (Art. 18 UN-Pakt, Art. 9 MRK)[24]. Auch in

---

[21] Vgl. *Meyrowitz*, RDP 1972, S. 1091; *Vasak*, RICR 1965, S. 377.

[22] Näheres hierzu in der Einleitung.

[23] Vgl. den Bericht des vom Ministerkomitee eingesetzten Sachverständigenausschusses über die sich durch die Koexistenz der UN-Menschenrechtspakte und der MRK ergebenden Probleme, Europaratsdokument H (70) 7, Ziff. 74.

[24] Aus der Tatsache, daß das in Art. 1 des UN-Pakts niedergelegte Selbstbestimmungsrecht nicht für notstandsfest erklärt wurde, ist zu schließen, daß dem Bestand einer Nation universell ein Vorrang vor dem Selbstbestimmungsrecht eingeräumt wird. Maßnahmen eines Staates zur Unterdrückung von Aufständen können daher nicht — dies gilt auch für Art. 15 MRK — mit dem Hinweis auf das Selbstbestimmungsrecht angegriffen werden; vgl. *Tremblay*, Les Cahiers de Droit 18 (1977), S. 44.

2. Beachtung sonstiger völkerrechtlicher Verpflichtungen

diesem Fall wird der sich aus Art. 15 MRK ergebende Handlungsspielraum nur unwesentlich eingeschränkt:

Wegen der geringen aktuellen Bedeutung des Schuldhaftverbots und der fehlenden Eigensubstanz des Rechtes auf Anerkennung als Rechtspersönlichkeit gegenüber den übrigen Konventionsrechten dürfte es in einem Notstandsfall kaum notwendig sein, diese Vorschriften außer Kraft zu setzen[25]. Ähnliches gilt bezüglich der für notstandsfest erklärten Gedanken-, Gewissens- und Religionsfreiheit. Hier ist nämlich zu berücksichtigen, daß sich dieses Recht teilweise mit dem gleichfalls im UN-Pakt garantierten — jedoch mit einem Vorbehalt versehenen und im Notstand suspendierbaren — Recht auf Meinungsfreiheit (Art. 19 UN-Pakt) überschneidet, was zur Folge hat, daß die dortigen Ausübungs- und Gewährleistungsschranken zum Teil auch auf das Recht der Gedanken-, Gewissens- und Religionsfreiheit anwendbar sind.

In verfahrensrechtlicher Hinsicht besteht ein wesentlicher Unterschied insofern, als Art. 4 Abs. 1 des UN-Pakts die Außerkraftsetzung einzelner Rechte im Gegensatz zu Art. 15 MRK davon abhängig macht, daß das Bestehen eines Notstandes zuvor „amtlich verkündet" worden ist. Darüber hinaus verlangt Art. 4 Abs. 1 des UN-Pakts, daß die von den betreffenden Staaten ergriffenen Notstandsmaßnahmen keine Diskriminierung allein wegen der Rasse, der Hautfarbe, des Geschlechts, der Sprache, der Religion oder der sozialen Herkunft enthalten. Wie sich aus dem Wort „allein" ergibt, verbietet diese Vorschrift jedoch keine Maßnahmen, die unter Beachtung des Übermaßverbots getroffen werden und sich lediglich auf Grund der vorherrschenden Umstände gegen Angehörige einer der genannten Gruppen besonders auswirken. Da das Diskriminierungsverbot in dieser Form auch im Rahmen des Art. 15 MRK zu beachten ist[26], stellt letztere Bedingung somit keine zusätzliche Schranke dar.

Ein weiterer Unterschied zwischen den beiden Notstandsklauseln besteht schließlich darin, daß nach Art. 4 Abs. 3 des UN-Pakts eine Außerkraftsetzung „unverzüglich" den übrigen Vertragsstaaten durch Vermittlung des UN-Generalsekretärs mitgeteilt werden muß, während nach dem Wortlaut des Art. 15 Abs. 3 MRK eine „eingehende" Unterrichtung des Generalsekretärs des Europarats genügt. Hierbei ist jedoch zu beachten, daß die Konventionsorgane bereits im *Fall Lawless* zu erkennen gegeben haben, daß die sich aus Art. 15 Abs. 3 MRK ergebende Informationspflicht auch ein zeitliches Element enthält. Außerdem werden Außerkraftsetzungen seit einer entsprechenden Resolution des

---

[25] Bericht des Sachverständigenausschusses, Ziff. 75; *Tscherning*, Der Standard der Menschenrechte, S. 24.
[26] Und zwar gemäß Art. 14 MRK; vgl. hierzu unten im 5. Kapitel unter 1.

Ministerkomitees aus dem Jahre 1956 über den Generalsekretär des Europarats auch den übrigen Konventionsstaaten mitgeteilt[27]. Die unterschiedliche Regelung der Informationspflichten in den beiden Notstandsklauseln hat daher in der Praxis keine Bedeutung.

Zusammenfassend kann somit festgestellt werden, daß der den einzelnen Staaten in Art. 15 MRK gewährte Handlungsspielraum durch die Notstandsklausel des Art. 4 des UN-Pakts im materiell-rechtlichen Bereich — trotz einiger dort zusätzlich für notstandsfest erklärten Rechte — nur unwesentlich beschränkt wird, während im verfahrensrechtlichen Bereich die in Art. 4 Abs. 1 des UN-Pakts vor einer Außerkraftsetzung geforderte amtliche Verkündung des Notstandes eine zusätzliche Schranke darstellt[28].

3. Beachtung immanenter Schranken?

a) Theorie von den „inherent limitations"

Die Frage, ob die in der MRK gewährten Rechte und Freiheiten neben den dort ausdrücklich vorgesehenen oder sich sonst aus dem Zusammenspiel der einzelnen Grundrechtsverbürgungen ergebenden Begrenzungen außerdem den einzelnen Bestimmungen jeweils innewohnenden, stillschweigenden Beschränkungen unterliegen, ist von der Kommission in der Vergangenheit verschiedentlich geprüft und bejaht worden. Den Anlaß hierzu gaben ausnahmslos Beschwerden von Häftlingen, die angebliche Verletzungen von Konventionsrechten durch die zuständigen Behörden während des Haftvollzugs betrafen:

Während die Kommission noch im *Fall Koch*[29] den Standpunkt vertreten hatte, die Konventionsrechte stünden auch einem Häftling ungeschmälert zu, gelangte sie in späteren Entscheidungen, die die Kontrolle des Briefverkehrs von Inhaftierten zum Gegenstand hatten, zu der Auffassung, derartige Beschränkungen stellten ein Wesensmerkmal („inherent feature" / „élément inhérent") der Haft dar und bewegten sich damit noch innerhalb der dem Recht auf Achtung des Briefverkehrs in Art. 8 Abs. 1 MRK gezogenen Grenzen, so daß sich die Frage erübrigte, ob die Beschränkungen auf Grund einer der Ausnahmen des

---

[27] Resolution (56) 16 des Ministerkomitees vom 26. September 1956. Näheres zur Informationspflicht vgl. unten im 6. Kapitel.
[28] Zum Konkurrenzverhältnis zwischen MRK und UN-Pakt in verfahrensrechtlicher Hinsicht vgl. insbesondere *Meißner*, Die Menschenrechtsbeschwerde vor den Vereinten Nationen, S. 53 ff.
[29] Beschwerde Nr. 1270/61, YB V, S. 126 (134).

3. Beachtung immanenter Schranken?

Art. 8 Abs. 2 MRK gerechtfertigt waren[30]. Im *Fall de Courcy* äußerte sich die Kommission beispielsweise folgendermaßen[31]:

„... since the limitation of the right of a detained person to conduct correspondence is a necessary part of his deprivation of liberty which is inherent in the punishment of imprisonment ... an examination of the complaint does not disclose any violation of Article 8, paragraph (I) ..."

In der Folgezeit wurde diese Theorie von der Kommission weiterentwickelt und über die Fälle von Briefkontrollen hinaus auch bei Beschwerden angewandt, die das Recht auf Achtung des Privatlebens (Art. 8 MRK)[32], die Freiheit der Religionsausübung (Art. 9 MRK)[33] sowie die Informationsfreiheit (Art. 10 MRK)[34] von Häftlingen betrafen. Die Kommission beschränkte ihre Prüfung hierbei jeweils darauf, festzustellen, ob die angegriffene Maßnahme den Erfordernissen und dem Zweck der Haft entsprach und die Haft selbst den Anforderungen des Art. 5 MRK genügte. So enthält der Kommissionsbericht in den *belgischen Landstreicherei-Fällen* u. a. folgende Feststellungen[35]:

„... the fact of being detained necessarily involves restrictions on the rights and freedoms guaranteed by the Convention. These restrictions are a consequence of the fact of being detained and are not permissible except in so far as they are justified by the cause of such detention, provided always that the detention itself is in accordance with Article 5."

Der Gerichtshof, der bereits in seiner *Landstreicherei-Entscheidung* eine gewisse Zurückhaltung gegenüber der von der Kommission vertretenen Theorie zu erkennen gegeben und die im Fall der Beschwerdeführer angewandte Briefkontrolle allein unter dem Gesichtspunkt des Art. 8 Abs. 2 MRK als gerechtfertigt angesehen hatte[36], sah sich im *Fall Golder* erstmals veranlaßt, ausdrücklich zu der Frage der „inherent limitations" Stellung zu nehmen. Seiner Ansicht nach haben stillschweigend geltende Beschränkungen nur dort ihren Platz, wo die Konvention ein bestimmtes Recht zwar anerkennt, ohne es jedoch im engeren Sinne des Wortes zu definieren. Diese Voraussetzung sah der Gerichtshof im Falle des in Art. 6 Abs. 1 MRK gewährleisteten, dort jedoch nicht ausdrücklich erwähnten Rechts auf Zugang zu den Gerichten grundsätzlich als gegeben an, wobei er sich aber weigerte, eine solche Beschränkung allein aus der Tatsache der Inhaftierung abzulei-

---

[30] Vgl. Beschwerden Nr. 2375/64, CD 22, S. 45 (47); 2279/64, CD 23, S. 114 (124); 2291/64, CD 24, S. 20 (34); 2749/66, CD 24, S. 98 (111); 4144/69, CD 33, S. 27 (30); 4109/69, CD 34, S. 38 (41).
[31] Beschwerde Nr. 2749/66, CD 24, S. 98 (111); YB X, S. 388 (412).
[32] Beschwerde Nr. 3819/68, CD 32, S. 23 (26).
[33] Beschwerde Nr. 4517/70, CD 38, S. 90 (97).
[34] Beschwerde Nr. 2795/66, CD 30, S. 23 (28).
[35] CEDH, Série B Bd. 10 (Affaires de Wilde, Ooms et Versyp), S. 97.
[36] CEDH, Série A Bd. 12, S. 45.

ten[37]. Der Gerichtshof verneinte sie dagegen im Falle des in Art. 8 Abs. 1 MRK garantierten Rechts auf Achtung des Briefverkehrs, da dieses Recht im Gegensatz zu dem zuvor genannten bereits im Konventionstext mit einer gewissen Genauigkeit umschrieben werde und daneben kein Raum für stillschweigende Beschränkungen gegeben sei[38].

Die beiden Urteile des Gerichtshofs sind nicht ohne Einfluß auf die Rechtsprechung der Kommission geblieben. Soweit ersichtlich ist, hat diese seitdem die Theorie von den „inherent limitations" im Zusammenhang mit Häftlingsbeschwerden nicht mehr angewandt, sondern in derartigen Fällen allein auf die in den einzelnen Konventionsvorschriften ausdrücklich enthaltenen Eingriffsmöglichkeiten abgestellt[39].

b) Anwendbarkeit der Theorie im Fall des Art. 15 MRK?

In ihrer durch die Rechtsprechung des Gerichtshofs modifizierten Form kommt der Theorie von den „inherent limitations" somit die Funktion einer Hilfsschranke zu. Sie dient dazu, in Fällen, in denen der Umfang eines in der Konvention gewährleisteten Rechts mangels ausdrücklicher Abgrenzungen oder sonstiger sich aus der Systematik der MRK ergebender Schranken nur unzureichend bestimmt ist, den dem einzelnen dort grundsätzlich zugebilligten Freiheitsraum näher festzulegen. Die Annahme von „inherent limitations" setzt bei jeder Konventionsbestimmung spezielle, am Begriff des jeweils geschützten Rechts orientierte Überlegungen voraus; keinesfalls können derartige Beschränkungen allein mit dem Bestehen eines besonderen Gewaltverhältnisses gerechtfertigt werden. Damit entspricht die Theorie von den „inherent limitations" in etwa der zu den Grundrechten des Grundgesetzes entwickelten Immanenzlehre[40], wobei letzterer wegen der im deutschen Recht weitgehend „schrankenlos" garantierten Grundrechte allerdings eine erheblich größere Bedeutung zukommt.

Bezüglich der Frage einer etwaigen Anwendung der Theorie im Fall des Art. 15 MRK ist zunächst zu berücksichtigen, daß diese ursprünglich

---

[37] CEDH, Série A Bd. 18, S. 18 (Ziff. 37 ff.).
[38] S. 21 (Ziff. 44 ff.). Der Gerichtshof verweist in diesem Zusammenhang insbesondere auf die in Art. 8 Abs. 2 MRK vorgesehenen Eingriffsmöglichkeiten, womit er m. E. jedoch das zwischen Art. 8 Abs. 1 und Abs. 2 bestehende Stufenverhältnis außer acht läßt.
[39] Vgl. etwa den Bericht der Kommission im *Fall Golder*, CEDH, Série B Bd. 16, S. 51 ff. sowie ihre Entscheidungen in den Fällen Nr. 5442/72, DR 1, S. 41 f.; 6166/73, DR 2, S. 58 (62); 6564/74, DR 2, S. 105.
[40] Vgl. etwa *v. Mangoldt / Klein*, Das Bonner Grundgesetz, S. 123 ff.; *Maunz / Dürig / Herzog / Scholz*, Grundgesetz, Art. 2 Abs. 1, Anm. 69 ff.; *Maunz*, Staatsrecht, S. 118 ff.; *Hesse*, Grundzüge des Verfassungsrechts, S. 131 ff. — Zur Geltung der Grundrechte im besonderen Gewaltverhältnis vgl. insbesondere BVerfGE 33, S. 1 (12).

als zusätzliche Gewährleistungsschranke der in der Konvention garantierten Rechte und Grundfreiheiten konzipiert wurde, während sie im Rahmen des Art. 15 MRK die in direktem Gegensatz hierzu stehende Funktion einer Eingriffsschranke zu erfüllen hätte. Es käme daher allenfalls eine entsprechende Anwendung der Theorie in Betracht. Diese würde weiter voraussetzen, daß die in Art. 15 MRK getroffene Regelung mangels ausreichender in der Bestimmung selbst oder in anderen Konventionsvorschriften vorgesehener Schranken überhaupt Raum für stillschweigend geltende Beschränkungen läßt, was meines Erachtens jedoch nicht der Fall ist:

Wie bereits die Ausführungen in diesem und dem vorangegangenen Kapitel gezeigt haben, werden in Art. 15 Abs. 1 MRK sowohl die Voraussetzungen als auch der Umfang der staatlichen Notstandsbefugnisse sehr genau beschrieben. Weitere Schranken sind daneben Art. 15 Abs. 2 MRK, der gewisse Grundrechte für notstandsfest erklärt[41], sowie den Art. 14, 17 und 18 MRK[42] zu entnehmen. Auf Grund allgemeiner Bedenken sowie aus praktischen Erwägungen halte ich daher die Anwendung der Theorie von den „inherent limitations" im Fall des Art. 15 MRK nicht für angebracht[43].

---

[41] Vgl. hierzu das folgende Kapitel.
[42] Näheres hierzu unten im 5. Kapitel.
[43] Zur allgemeinen Kritik an der Theorie von den „inherent limitations" vgl. *Jacobs*, The European Convention, S. 118 ff. sowie *Ganter*, Die Spruchpraxis der Europäischen Kommission für Menschenrechte, S. 78 ff. mit weiteren Literaturhinweisen.

Viertes Kapitel

Die notstandsfesten Grundrechte

Über die sich für den betreffenden Staat bereits aus Art. 15 Abs. 1 MRK ergebenden Beschränkungen hinaus werden dessen Notstandsbefugnisse durch die in Art. 15 Abs. 2 MRK für aufhebungsfest erklärten Konventionsrechte einer zusätzlichen, von den jeweiligen Umständen unabhängigen Schranke unterworfen, die dazu dient, dem einzelnen auch in Notstandssituationen einen gewissen Mindestschutz zu sichern. Bei den gemäß Art. 15 Abs. 2 MRK besonders geschützten Konventionsrechten handelt es sich um das Recht auf Leben (Art. 2 MRK), das nur im Rahmen von rechtmäßigen Kriegshandlungen außer Kraft gesetzt werden darf, das Verbot der Folter einschließlich der unmenschlichen oder erniedrigenden Behandlung (Art. 3 MRK), das Verbot der Sklaverei und der Leibeigenschaft (Art. 4 Abs. 1 MRK) sowie das Verbot rückwirkender Strafgesetze (Art. 7 MRK).

1. Das Recht auf Leben (Art. 2 MRK)

a) Umfang der staatlichen Schutzpflicht

Art. 2 MRK[1] enthält in seinem Einleitungssatz die grundsätzliche Verpflichtung des Staates, das Recht auf Leben gesetzlich zu schützen. Nähere Angaben darüber, wie dies im einzelnen zu geschehen hat, fehlen jedoch. Über Art und Umfang der staatlichen Schutzpflicht[2]

---

[1] Die Vorschrift lautet in der englischen Fassung:
„(1) Everyone's right to life shall be protected by law. No one shall be deprived of his life intentionally save in the execution of a sentence of a court following his conviction of a crime for which this penalty is provided by law.
(2) Deprivation of life shall not be regarded as inflicted in contravention of this Article when it results from the use of force which is no more than absolutely necessary:
a) in defence of any person from unlawful violence;
b) in order to effect a lawful arrest or to prevent the escape of a person lawfully detained;
c) in action lawfully taken for the purpose of quelling a riot or insurrection."

[2] Da im Rahmen des Art. 15 Abs. 2 MRK lediglich die sich für einen Vertragsstaat aus Art. 2 MRK ergebende Verpflichtung von Interesse ist, kann

werden in der Literatur dementsprechend verschiedene Auffassungen vertreten: Nach einer Ansicht, die den Einleitungssatz aus dem Blickwinkel der nachfolgenden Eingriffsmöglichkeiten interpretiert, stellt die Vorschrift lediglich eine Schranke dar, die den Staat daran hindert, willkürlich in das Recht seiner Bürger auf Leben einzugreifen[3]. Einer anderen Meinung zufolge, die allein auf den Einleitungssatz abstellt, ist der Staat darüber hinaus verpflichtet, das Recht auf Leben im Verhältnis der Rechtsgenossen untereinander zu schützen. In diesem Zusammenhang wird teilweise der Erlaß von entsprechenden Strafrechtsnormen für ausreichend angesehen[4]; teilweise werden jedoch noch umfangreichere staatliche Schutzmaßnahmen gefordert[5].

Zur Begründung der Auffassung, welche in Art. 2 MRK lediglich eine Schranke gegen hoheitliche Eingriffe in das Recht auf Leben erblickt, wird neben allgemeinen Erwägungen[6] insbesondere die Entstehungsgeschichte der Bestimmung[7] angeführt und darauf hingewiesen, daß der Wortlaut des Art. 2 Abs. 1 Satz 2 und Abs. 2 MRK unmittelbar einem Entwurf der UN-Menschenrechtskommission entnommen ist, der nach dem Willen seiner Verfasser die Garantie des Rechtes auf Leben auf einen Schutz gegen Eingriffe von Seiten des Staates beschränken sollte. Ob den damaligen Erwägungen der UN-Menschenrechtskommission heute bei der Auslegung des Art. 2 MRK eine entscheidende Bedeutung zukommt, ist allerdings mehr als zweifelhaft[8]. Der Hinweis auf

---

die Frage einer etwaigen Drittwirkung dieser Bestimmung im folgenden außer Betracht bleiben.

[3] Vgl. etwa *Guradze*, Die Europäische Menschenrechtskonvention, S. 47 sowie die Äußerung der österreichischen Bundesregierung im Verfahren vor dem VfGH vom 21. 5. 1974, wo es u. a. um die Vereinbarkeit des österreichischen Fristenmodells mit Art. 2 MRK ging; EuGRZ 1974, S. 63 ff. (65).

[4] *Fawcett*, The Application of the European Convention, S. 31.

[5] *Schorn*, MRK-Kommentar, Art. 2 Abs. 1 Satz 1, Anm. 4; *Wurst*, Völkerrechtliche Sicherung der Menschenrechte, S. 89.

[6] Teilweise wird die Ansicht vertreten, daß die Konventionsrechte ausschließlich gegen den Staat gerichtet sind; vgl. *Guradze*, Die Europäische Menschenrechtskonvention, S. 47.

[7] Zu der Entstehungsgeschichte des Art. 2 MRK vgl. im einzelnen *Partsch*, Rechte und Freiheiten, S. 100 ff.

[8] Von grundsätzlichen Bedenken abgesehen, die einem Rückgriff auf die Vorarbeiten der MRK als mehrseitigem Vertrag hinsichtlich der später beigetretenen Mitgliedstaaten entgegenstehen (vgl. *Bernhardt*, Die Auslegung völkerrechtlicher Verträge, S. 117 ff.), spricht hiergegen auch die von den Straßburger Rechtsprechungsorganen in gewissem Umfang befürwortete „evolutive" Interpretation der Konventionsbestimmungen (vgl. *Sørensen*, Do the rights set forth in the European Convention on Human Rights in 1950 have the same significance in 1975?, in: Proceedings of the 4th International Colloquy on the European Convention on Human Rights, Rome 5 - 8 November 1975 (Strasbourg 1976), S. 89 sowie *Mosler*, Problems of Interpretation in the Case Law of the European Court of Human Rights, in: Essays on the Development of the International Legal Order in memory of Haro F. van Panhuys, S. 158 ff. mit Rechtsprechungsnachweisen).

die Entstehungsgeschichte erscheint jedoch vor allem deshalb bedenklich, weil er einseitig auf die Eingriffsmöglichkeiten in Art. 2 MRK abstellt und den aus einem anderen Entwurf der UN-Menschenrechtskommission übernommenen Einleitungssatz[9] außer acht läßt. Um diesem Satz mit seiner grundsätzlichen Garantie des Rechtes auf Leben einen Sinn zu geben, wird man vielmehr — insbesondere auch unter Berücksichtigung des Art. 1 MRK — davon ausgehen müssen, daß Art. 2 MRK neben einem gegen den Staat gerichteten Verbot, willkürlich in das Recht seiner Bürger auf Leben einzugreifen, zugleich auch die Verpflichtung des Staates enthält, dieses Rechtsgut im Wege der Gesetzgebung, d. h. durch den Erlaß entsprechender Strafvorschriften, vor der Verletzung durch Dritte zu schützen[10]. Eine darüber hinausgehende staatliche Schutz- und Fürsorgepflicht läßt sich aus Art. 2 MRK allerdings nicht herleiten, da dort zwar das Recht auf Leben, nicht aber das Leben an sich geschützt wird[11].

b) Schutz des keimenden Lebens

Da Art. 2 MRK keine Begriffsbestimmung des durch ihn geschützten Lebens enthält, fragt es sich ferner, ob der Schutzbereich dieser Bestimmung auch das keimende Leben umfaßt. Während die Konventionsorgane bislang keine Gelegenheit hatten, zu dieser Frage Stellung zu nehmen[12], findet sich in der Literatur hierzu ein breites Meinungsspektrum, das von der vorbehaltlosen Bejahung des Schutzes auch in diesem Fall bis zu seiner strikten Ablehnung reicht[13]. Soweit der Schutz

---

[9] Vgl. hierzu *Partsch*, Rechte und Freiheiten, S. 102.

[10] Vgl. *Partsch*, Rechte und Freiheiten, S. 102 sowie *Jacobs*, The European Convention, S. 21, der zur Begründung dieser Verpflichtung zusätzlich auf Art. 13 MRK verweist.

[11] Vgl. *Fawcett*, The Application of the European Convention, S. 30 f.

[12] Im Fall der Beschwerde Nr. 867/60, bei der es um eine mögliche Verletzung des Art. 2 MRK durch die im norwegischen Gesetz vom 12. 10. 1960 vorgesehene amtliche Genehmigung der Schwangerschaftsunterbrechung durch den Amtsarzt ging, konnte die Kommission keine Sachentscheidung treffen, da der Beschwerdeführer von diesem Gesetz nicht betroffen war (Entscheidung vom 29. 5. 1961; YB IV, S. 270 ff.).
Im Fall der gleichfalls wegen fehlender Betroffenheit des Beschwerdeführers als unzulässig zurückgewiesenen Beschwerde Nr. 1287/61 hielt es die Kommission zwar für möglich, daß die Sterilisation einer Frau unter gewissen Umständen eine Verletzung des Art. 2 MRK darstellen kann (Entscheidung vom 4. 10. 1962; teilweise abgedruckt in EuGRZ 1974, S. 49). Aus logischen Gründen kann dieser Aussage jedoch nichts über die Rechtsstellung des nasciturus im Rahmen des Art. 2 MRK entnommen werden.

[13] Für die Gleichstellung des ungeborenen mit dem geborenen Leben treten *Schorn* (MRK-Kommentar, Art. 2 Abs. 1 Satz 1, Anm. 9 ff.) sowie — mit gewissen Einschränkungen — *Castberg* (The European Convention on Human Rights, S. 81) und *Partsch* (Rechte und Freiheiten, S. 104) ein. Nach der Ansicht von *Guradze* (Die Europäische Menschenrechtskonvention, S. 47) und

1. Das Recht auf Leben (Art. 2 MRK)

des keimenden Lebens im Rahmen des Art. 2 MRK bejaht wird, geschieht dies vorwiegend unter Berufung auf entsprechende Äußerungen zu Art. 2 Abs. 2 GG, die auf Art. 2 MRK übertragen werden[14]. Andererseits wird die ablehnende Haltung hauptsächlich mit der in verschiedenen Konventionsstaaten bestehenden Möglichkeit der straflosen Schwangerschaftsunterbrechung begründet, die diese Staaten jedoch zu keinem Vorbehalt im Sinne des Art. 64 MRK veranlaßt habe[15]. Teilweise wird auch auf Art. 2 Abs. 1 Satz 1 MRK verwiesen, der in seinen beiden authentischen Fassungen von „everyone's right to life" beziehungsweise „le droit de toute personne à la vie" spricht[16].

Die Begründung eines auch das keimende Leben umfassenden Schutzes mit dem Hinweis auf die entsprechende Rechtslage in Deutschland stößt insofern auf Bedenken, als bei der Auslegung von Konventionsbestimmungen nicht ohne weiteres auf interne Rechtsvorschriften eines einzelnen Mitgliedstaates zurückgegriffen werden kann. Andererseits ist die auf den Wortlaut des Art. 2 Abs. 1 Satz 1 MRK gestützte Argumentation der Gegenansicht ebenfalls nicht zwingend, da der dort gebrauchte Ausdruck „everyone" / „toute personne" nicht unbedingt auf einen geborenen Rechtsträger hinweist[17]. Eine gewisse Bedeutung ist dagegen dem Umstand beizumessen, daß verschiedene an der Ausarbeitung der Konvention beteiligte Staaten zum Zeitpunkt ihres Beitritts über gesetzliche Regelungen verfügten, die einen Schwangerschaftsabbruch unter bestimmten Voraussetzungen gestatteten[18], ohne daß sich diese Staaten deshalb veranlaßt sahen, einen entsprechenden Vorbehalt zu Art. 2 MRK zu machen. Die hierdurch veranlaßte Vermutung, daß das keimende Leben nach dem Willen der Konventionsverfasser nicht — zumindest nicht in demselben Umfang wie das geborene Leben — geschützt werden sollte, wird durch die Gesamtkonzeption des Art. 2 MRK bestätigt:

Wie sich aus Abs. 1 Satz 2 und Abs. 2 dieser Bestimmung ergibt, sind Ausnahmen von dem in Abs. 1 Satz 1 garantierten Schutz des Lebens

---

Wurst (Völkerrechtliche Sicherung der Menschenrechte, S. 91) wird das keimende Leben dagegen nicht durch Art. 2 MRK geschützt.
[14] Vgl. *Schorn*, MRK-Kommentar, Art. 2 Abs. 1 Satz 1, Anm. 9 sowie die Ausführungen der Salzburger Landesregierung vor dem österreichischen VfGH zur Begründung ihrer Verfassungsbeschwerde gegen das österreichische Fristenmodell; EuGRZ 1974, S. 57 ff. (60).
[15] Vgl. *Wurst*, Völkerrechtliche Sicherung der Menschenrechte, S. 92 sowie das Erkenntnis des österreichischen VfGH vom 11. 10. 1974 (Fristenmodell), Erk. Slg. Nr. 7400/1974.
[16] *Wurst*, Völkerrechtliche Sicherung der Menschenrechte, S. 92.
[17] Österreichischer VfGH, Erk. Slg. Nr. 7400/1974. — Bemerkenswerterweise wird dieses Argument — soweit ersichtlich — auch weder von englischen noch von französischen Kommentatoren gebraucht.
[18] Vgl. hierzu die Aufstellung bei *Fleisch*, ÖJZ 1955, S. 605 ff.

nur bezüglich der Tötung geborener Menschen vorgesehen. Würde der Schutzbereich des Abs. 1 Satz 1 auch das keimende Leben umfassen, so wäre dieses mangels entsprechender Vorbehalte absolut geschützt. Es ist jedoch schwer vorstellbar, daß die Konventionsverfasser bei der Normierung des Rechtes auf Leben in Ausnahmefällen zwar eine Tötung geborener Menschen zugelassen, andererseits aber einen Eingriff in das erst keimende Leben auch bei Vorliegen besonderer Indikationen ausgeschlossen haben[19]. Gegen letztere Annahme spricht außerdem die Tatsache, daß Art. 2 MRK im Gegensatz zu Art. 6 Abs. 5 des UN-Pakts über bürgerliche und politische Rechte nicht die Hinrichtung von Schwangeren verbietet, obwohl die Aufnahme eines derartigen Verbots bei der Formulierung des Art. 2 Abs. 1 Satz 2 MRK, der die Vollstreckung von Todesurteilen betrifft, an sich nahegelegen hätte. Es ist daher davon auszugehen, daß Art. 2 MRK das keimende Leben zumindest nicht in dem gleichen Umfang schützt, wie dies bei dem geborenen Leben der Fall ist. Insbesondere kann aus dieser Bestimmung nicht die Pflicht eines Konventionsstaates hergeleitet werden, gegen Schwangerschaftsunterbrechungen mit strafrechtlichen Sanktionen einzuschreiten.

c) Todesstrafe

Eine wichtige Ausnahme von der den Staaten in dem beschriebenen Umfang obliegenden Schutzpflicht stellt die gemäß Art. 2 Abs. 1 Satz 2 MRK zulässige Vollstreckung eines Todesurteils dar. Voraussetzung ist hierbei lediglich, daß das Urteil auf gesetzlicher Grundlage beruht und von einem Gericht ausgesprochen worden ist.

Irgendwelche Anhaltspunkte, die darauf hinweisen, daß die Todesstrafe nur bei bestimmten Delikten — etwa bei gegen das Leben gerichteten Verbrechen — vorgesehen werden darf, sind der Vorschrift nicht zu entnehmen[20]. Das gleiche gilt hinsichtlich der Vollstreckungsart. Gewisse Schranken ergeben sich in diesem Zusammenhang jedoch aus Art. 3 MRK, der die Verhängung unmenschlicher oder erniedrigender Strafen verbietet. So ist die Anwendung der Todesstrafe dann als konventionswidrig anzusehen, wenn sie in keinem angemessenen Verhältnis zu dem begangenen Delikt steht. Eine Konventionsverletzung liegt aber auch dann vor, wenn eine besonders grausame Hinrichtungsart gewählt oder die Hinrichtung unter besonders demütigenden Umständen vorgenommen wird[21].

---

[19] Österreichischer VfGH, Erk. Slg. Nr. 7400/1974.
[20] Vgl. *Partsch*, Rechte und Freiheiten, S. 104 sowie *Wurst*, Völkerrechtliche Sicherung der Menschenrechte, S. 97; a. A. *Schorn*, MRK-Kommentar, Art. 2 Abs. 1 Satz 2, Anm. 2, der die Todesstrafe nur bei gegen das Leben gerichteten Verbrechen zulassen will.

1. Das Recht auf Leben (Art. 2 MRK)

Welche Anforderungen an das mit der Entscheidung befaßte Gericht zu stellen sind, geht aus Art. 2 Abs. 1 Satz 2 MRK ebenfalls nicht hervor. Es ist hier der der Konvention zugrunde liegende allgemeine Gerichtsbegriff heranzuziehen, wie er sich aus einer Zusammenschau der verschiedenen einschlägigen Konventionsbestimmungen ergibt[22]: Ein „Gericht" setzt demgemäß einen unabhängigen und unparteiischen Spruchkörper voraus, der auf gesetzlicher Grundlage beruht[23]. Als weiteres Kriterium kommt ferner die Beachtung bestimmter Verfahrensgarantien zugunsten der betroffenen Einzelperson hinzu, deren nähere Ausgestaltung jedoch von den Besonderheiten des konkreten Falles abhängt[24]. Nicht unbedingt erforderlich erscheint dagegen die Einbindung des Spruchkörpers in die Gesamtorganisation der Justizinstanzen[25] oder die Leitung des Verfahrens durch einen Berufsrichter[26]. Keine Gerichte im Sinne des Art. 2 Abs. 1 Satz 2 MRK stellen in Abweichung von der gesetzlichen Zuständigkeit gebildete und zur Entscheidung einzelner konkreter oder individuell bestimmter Fälle berufene Spruchkörper dar. Es handelt sich hierbei um sogenannte Ausnahmegerichte, die auch nach deutschem Recht (Art. 101 Abs. 1 GG) unzulässig sind. Von diesen sind jedoch die sogenannten Sondergerichte — d. h. auf gesetzlicher Grundlage beruhende Gerichte, die in ihrer Zuständigkeit im voraus auf gewisse Sondermaterien oder Personenkreise beschränkt sind — zu unterscheiden, gegen deren Einschaltung im Rahmen des Art. 2 Abs. 1 Satz 2 MRK keine Bedenken bestehen[27].

---

[21] *Jacobs*, The European Convention, S. 23; *Wurst*, Völkerrechtliche Sicherung der Menschenrechte, S. 97. Vgl. ferner die Ausführungen in diesem Kapitel unter 2.
[22] Von Art. 2 Abs. 1 MRK abgesehen finden sich entsprechende Hinweise in Art. 5 Abs. 1 lit. a, b und c, Art. 5 Abs. 3, Art. 5 Abs. 4 und Art. 6 Abs. 1 MRK. — Zum Folgenden vgl. *Mosler*, Nationale Gerichte als Garanten völkerrechtlicher Verpflichtungen. Zum Begriff des Gerichts in der neueren Rechtsprechung des Europäischen Gerichtshofs für Menschenrechte, Festschrift van der Ven (Deventer 1972), S. 381 ff.
[23] Vgl. etwa die Urteile des Gerichtshofs im *Fall Neumeister*, CEDH, Série A Bd. 8, S. 44, § 24; in den *Landstreicher-Fällen*, CEDH, Série A Bd. 12, S. 41, § 78 und im *Fall Engel u. a.*, CEDH, Série A Bd. 22, S. 27 f. (§ 68), 37 (§ 89) sowie *Schorn*, MRK-Kommentar, Art. 2 Abs. 1 Satz 2, Anm. 2 und *Wurst*, Völkerrechtliche Sicherung der Menschenrechte, S. 98.
[24] Vgl. die Urteile des Gerichtshofs in den *Landstreicher-Fällen*, CEDH, Série A Bd. 12, S. 41, § 78 und im *Fall Engel u. a.*, CEDH, Série A Bd. 22, S. 27 f. (§ 68), 37 (§ 89).
[25] Vgl. *Mosler*, Festschrift van der Ven, S. 388.
[26] A. A. *Wurst*, Völkerrechtliche Sicherung der Menschenrechte, S. 99 f.
[27] Vgl. *Schorn*, MRK-Kommentar, Art. 2 Abs. 1 Satz 2, Anm. 2; *Wurst*, Völkerrechtliche Sicherung der Menschenrechte, S. 100 f.

d) Die Ausnahmen des Art. 2 Abs. 2 MRK

Gemäß Art. 2 Abs. 2 MRK ist eine Tötung ferner dann nicht als konventionswidrig anzusehen, wenn sie sich aus einer Gewaltanwendung ergibt, die zur Verteidigung eines Menschen gegenüber rechtswidriger Gewaltanwendung (lit. a), zur Durchführung einer ordnungsgemäßen Festnahme oder zur Verhinderung der Flucht einer ordnungsgemäß festgehaltenen Person (lit. b) oder zur Unterdrückung eines Aufruhrs oder Aufstands (lit. c) unbedingt erforderlich ist. Während gegen die Ausnahmen von Tötungsverbot, soweit sie extreme Notwehrsituationen oder Fälle von Aufruhr und Aufstand betreffen, letztlich nichts einzuwenden ist[28], erscheint die Regelung jedoch insofern bedenklich, als gemäß Art. 2 Abs. 2 lit. b MRK die Tötung auch zum Zwecke der Festnahme oder Fluchtverhinderung gestattet wird.

Die geäußerten Bedenken bestehen indes nicht, wenn man mit *Jacobs* davon ausgeht, daß die in Art. 2 Abs. 2 MRK vorgesehenen Ausnahmen — im Gegensatz zu derjenigen des Art. 2 Abs. 1 Satz 2 MRK — nur Fälle unbeabsichtigter Tötungen („unintentional taking of life") betreffen[29]. Die absichtliche Tötung eines Menschen, um dessen Festnahme zu ermöglichen oder Flucht zu verhindern, wäre hiernach, wie jede bewußte Tötungshandlung zur Erreichung eines der in Art. 2 Abs. 2 MRK genannten Ziele, unter allen Umständen als konventionswidrig anzusehen.

Im Gegensatz zu *Jacobs* scheint die Kommission jedoch die Ansicht zu vertreten, daß die Ausnahmen des Art. 2 Abs. 2 MRK ebenso wie Art. 2 Abs. 1 Satz 2 MRK nur absichtliche Eingriffe in das menschliche Leben betreffen, während sonstige Eingriffe überhaupt nicht von Art. 2 MRK erfaßt werden. So wies sie in einem belgischen Beschwerdefall, in dem der Ehemann der Beschwerdeführerin im Verlaufe von Unruhen von einem Polizisten erschossen worden war, die Beschwerde als offensichtlich unbegründet zurück, da den Umständen nicht zu entnehmen sei, daß der Polizist den Tod absichtlich herbeigeführt habe, ohne weiter zu prüfen, ob in dem konkreten Fall einer der Ausnahmetatbestände des Art. 2 Abs. 2 MRK vorgelegen hatte[30].

Die Auffassungen von *Jacobs* einerseits und der Kommission andererseits über den Anwendungsbereich des Art. 2 Abs. 2 MRK sind jedoch keineswegs zwingend. Auf Grund der Tatsache, daß in dieser Vorschrift nur ganz allgemein von der Tötung als dem Resultat einer

---

[28] Bedenken hinsichtlich der Zulässigkeit der Tötung in Fällen von Aufruhr und Aufstand äußern *Partsch*, Rechte und Freiheiten, S. 105 und *Weiß*, Europäische Menschenrechtskonvention, S. 18.
[29] *Jacobs*, The European Convention, S. 24 f.
[30] Beschwerde Nr. 2758/66; YB XII, S. 174 (192).

Gewaltanwendung die Rede ist, läßt sich vielmehr darauf schließen, daß im Rahmen der dortigen Ausnahmetatbestände sowohl absichtliche als auch unabsichtliche Eingriffe in das Recht auf Leben gestattet sind. In jedem einzelnen Fall wird jedoch vorausgesetzt, daß die — beabsichtigt oder unbeabsichtigt — zum Tode führende Gewaltanwendung zur Erreichung eines der in Art. 2 Abs. 2 MRK genannten Ziele unbedingt erforderlich ist. Die gewählte Form der Gewaltanwendung darf daher nicht von vornherein ungeeignet sein; außerdem muß sie unter mehreren zur Verfügung stehenden Maßnahmen das mildeste Mittel darstellen. Als weitere Schranke des Art. 2 Abs. 2 MRK ist schließlich der Grundsatz der Verhältnismäßigkeit zu beachten, wonach die mit der Maßnahme verbundene Rechtsgutverletzung in einem vernünftigen und vertretbaren Verhältnis zu dem bezweckten Erfolg stehen muß[31].

Wendet man die genannten Kriterien auf den Ausnahmetatbestand des Art. 2 Abs. 2 lit. b MRK an, so erscheint die Tötung eines Festzunehmenden beziehungsweise Fliehenden insoweit mit der Schutzgarantie des Art. 2 MRK vereinbar, als sie die unbeabsichtigte Folge einer im Einzelfall erforderlichen und dem Verfolgungszweck angemessenen Gewaltanwendung darstellt. Angesichts der überragenden Bedeutung des Rechts auf Leben dürfte die absichtliche Tötung eines Menschen zum Zwecke der Festnahme oder Fluchtverhinderung dagegen kaum zu rechtfertigen sein[32].

e) Tötung im Rahmen rechtmäßiger Kriegshandlungen

Wie sich aus Art. 15 Abs. 2 MRK ergibt, sind die Schranken des Art. 2 MRK von den Vertragsstaaten grundsätzlich auch in Notstandssituationen zu beachten. Eine Besonderheit besteht jedoch insoweit, als im Kriegsfall — von den Ausnahmetatbeständen des Art. 2 MRK abgesehen — Tötungen auch dann nicht als Konventionsverletzung angesehen werden, wenn sie auf rechtmäßige Kriegshandlungen zurückzuführen sind[33].

---

[31] *Schorn*, MRK-Kommentar, Art. 2 Abs. 2 a - c, Anm. 11. — Vgl. in diesem Zusammenhang ferner die Ausführungen zum Übermaßverbot (3. Kapitel, 1.).

[32] Insoweit zweifelnd auch *Partsch*, Rechte und Freiheiten, S. 105. — Nach deutschem Recht darf die Polizei zum Zwecke der Festnahme oder Fluchtverhinderung zwar unter bestimmten Umständen von der Waffe Gebrauch machen (§ 10 UZwG); Ziel des Waffengebrauchs darf jedoch nur sein, die betreffende Person fluchtunfähig zu machen (§ 12 Abs. 2 UZwG). Näheres hierzu bei *Krüger*, Polizeilicher Schußwaffengebrauch, S. 26 ff.

[33] Obwohl Art. 15 Abs. 2 MRK in diesem Zusammenhang von einem „Außerkraftsetzen" des Art. 2 MRK spricht, kann die Vorschrift insoweit mit den Ausnahmetatbeständen des Art. 2 MRK verglichen werden, die sie gewissermaßen ergänzt; vgl. *Wurst*, Völkerrechtliche Sicherung der Menschenrechte, S. 107, Anm. 1.

Der in Art. 15 Abs. 2 MRK verwandte Begriff der „rechtmäßigen Kriegshandlung" macht den Eingriff des betreffenden Staates in das Recht auf Leben von zwei Voraussetzungen abhängig: Einmal muß sich die Tötung als die Folge einer Kriegshandlung, d. h. einer im Rahmen eines bewaffneten Konflikts von internationalem Charakter[34] gegen den militärischen Gegner gerichteten Kampfmaßnahme, darstellen. Dies hat beispielsweise zur Folge, daß Exekutionsmaßnahmen gegenüber eigenen Staatsangehörigen — etwa wegen Meuterei oder Fahnenflucht — von vornherein nicht unter Art. 15 Abs. 2 MRK fallen[35]. Zum anderen darf die Tötung nicht gegen bestehendes Kriegsvölkerrecht verstoßen, wie es insbesondere in der Haager Landkriegsordnung und in den Genfer Rotkreuz-Abkommen seinen Niederschlag gefunden hat. Die Tötung eines die Waffen streckenden oder wehrlosen Angehörigen der feindlichen Streitkräfte ist hiernach ebenso verboten wie die — vermeidbare — Tötung von am Kampfgeschehen nicht beteiligten Zivilpersonen[36]. Der Begriff der „rechtmäßigen Kriegshandlung" setzt dagegen nicht unbedingt voraus, daß es sich um einen völkerrechtlich legalen Krieg handelt, da die Frage des *ius in bello* insoweit von der des *ius ad bellum* zu trennen ist[37]. Im Falle eines nicht provozierten Angriffskrieges wird man allerdings davon ausgehen müssen, daß der Angreiferstaat sein Recht aus Art. 15 MRK verwirkt hat[38], so daß Eingriffe in das Recht auf Leben — auch wenn sie im Rahmen „rechtmäßiger Kriegshandlungen" erfolgen — nicht auf Art. 15 Abs. 2 MRK gestützt werden können.

2. Das Folterverbot (Art. 3 MRK)

Gemäß Art. 3 MRK darf niemand der Folter oder unmenschlicher oder erniedrigender Strafe oder Behandlung unterworfen werden. Die Vorschrift stimmt damit fast wörtlich mit Art. 5 der UN-Menschenrechtserklärung sowie mit Art. 7 Satz 1 des UN-Pakts über bürgerliche und politische Rechte überein, die darüber hinaus das Verbot grau-

---

[34] Zum Kriegsbegriff vgl. 2. Kapitel, 1.

[35] Vgl. *Partsch*, Rechte und Freiheiten, S. 76, Anm. 252.

[36] Tötungsverbote in bezug auf Angehörige der Streitkräfte finden sich insbesondere in Art. 23 lit. b und c HLKO sowie jeweils in Art. 12 des I. und II. Genfer Abkommens. Zum Schutz der Zivilpersonen vgl. Art. 46 HLKO, Art. 32 des IV. Genfer Abkommens sowie Art. 51 ff. des I. Zusatzprotokolls zu den Genfer Abkommen (HLKO und Genfer Abkommen in deutscher Fassung abgedruckt bei *Hinz*, Kriegsvölkerrecht; I. und II. Zusatzprotokoll zu den Genfer Abkommen abgedruckt in RICR 1977, S. 3 ff. sowie bei *Bothe / Ipsen / Partsch*, ZaöRV 38 (1978), S. 86 ff., 146 ff.).

[37] Vgl. *Berber*, Völkerrecht, Bd. 2, S. 57 ff.

[38] Vgl. oben im 2. Kapitel unter 1.

2. Das Folterverbot (Art. 3 MRK)

samer Strafe oder Behandlung enthalten[39]. Obwohl die in Art. 3 MRK genannten Alternativen bis zu einem gewissen Grad jeweils selbständige Formen menschenunwürdiger Behandlung darstellen, ist die Vorschrift dennoch als einheitliche Verbotsnorm anzusehen[40], deren Verletzung in jeder der einzelnen Alternativen eine nicht unerhebliche Beeinträchtigung des Opfers voraussetzt[41]. Ob diese Voraussetzungen erfüllt sind, hängt von den Umständen des Einzelfalls ab. Als in diesem Zusammenhang zu beachtende Kriterien kommen nach Ansicht des Gerichtshofs insbesondere die Dauer der Behandlung, ihre physischen und psychischen Auswirkungen sowie Geschlecht, Alter und Gesundheitszustand des Opfers in Betracht[42].

a) Unmenschliche Behandlung oder Strafe

Nach der auf den *Griechenland-Fall* zurückgehenden ständigen Rechtsprechung der Kommission[43], der insoweit auch der Gerichtshof gefolgt ist[44], umfaßt der Begriff der unmenschlichen Behandlung „at least such treatment as deliberately causes severe suffering, mental or physical, which, in the particular situation, is unjustifiable". Die Formulierung „unjustifiable" (in the particular situation) darf in diesem Zusammenhang allerdings nicht als Hinweis auf etwa bestehende Rechtfertigungsgründe verstanden werden. Es handelt sich hierbei lediglich um ein Tatbestandsmerkmal, das der Aussonderung von unerheblichen Beeinträchtigungen aus dem Schutzbereich des Art. 3 MRK dient. Von der Kommission wurde dies im *Nordirland-Fall* noch einmal ausdrücklich klargestellt, indem sie auf den absoluten Charakter dieser Verbotsbestimmung hinwies und betonte, daß diesbezügliche Verletzungen weder aus der Konvention selbst noch aus sonstigem Völkerrecht gerechtfertigt werden können[45].

---

[39] Im Ergebnis ist dieser Unterschied allerdings von geringer Bedeutung, da der Begriff der „unmenschlichen" Behandlung bereits die „grausame" Behandlung mitumfaßt; vgl. *Robertson*, Human Rights in Europe (2. Aufl.), S. 38.
[40] *Jacobs*, The European Convention, S. 30. — Nach Ansicht der Kommission besteht zwischen den verbotenen Verhaltensweisen ein Stufenverhältnis, demzufolge jede Folter zugleich eine unmenschliche und erniedrigende Behandlung darstellt und jede unmenschliche Behandlung ihrerseits zugleich die Voraussetzungen einer erniedrigenden Behandlung erfüllt; YB XII (The Greek Case), S. 186.
[41] *Wurst*, Völkerrechtliche Sicherung der Menschenrechte, S. 112 f.
[42] European Court of Human Rights, Case of Ireland against the United Kingdom (Judgment), S. 56, § 162.
[43] Vgl. die Kommission im *Griechenland-Fall* (YB XII, S. 186), im *Nordirland-Fall* (Beschwerde Nr. 5310/71, Bericht, S. 377) sowie im *Fall Tyrer* (Beschwerde Nr. 5856/72, Bericht, S. 13).
[44] Vgl. European Court of Human Rights, Case of Ireland against the United Kingdom (Judgment), S. 57, § 167.

Einen Schwerpunkt der bisherigen Rechtsprechung der Kommission zum Begriff der unmenschlichen Behandlung im Sinne des Art. 3 MRK bilden die Beschwerden von Untersuchungs- bzw. Strafgefangenen, die die Haftbedingungen in einzelnen Strafanstalten einschließlich der dort bestehenden ärztlichen Versorgung sowie angebliche Mißhandlungen durch das Gefängnispersonal zum Gegenstand haben[46]. Keine dieser Beschwerden war jedoch bislang erfolgreich. So vertrat die Kommission in einem Fall die Ansicht, daß die zehnmonatige Einzelhaft des Beschwerdeführers, während der sich dieser täglich für zwanzig Stunden in einer ständig beleuchteten Isolierzelle aufhalten mußte, unter den gegebenen Umständen noch mit Art. 3 MRK zu vereinbaren war[47]. Auch das Führen eines Gefangenen durch eine Stadt in Handschellen und Gefängniskleidung[48], das Anlegen einer Zwangsjacke durch Gefängnisbeamte[49] sowie die zeitweilige Unterbringung eines geistig gesunden Gefangenen in der geschlossenen Abteilung einer psychiatrischen Klinik zusammen mit Geisteskranken[50] stellen nach Auffassung der Kommission noch keine gegen Art. 3 MRK verstoßende Behandlung dar. In einer kürzlich ergangenen Entscheidung hat die Kommission ferner die von den zuständigen deutschen Behörden gegen die in Haft befindlichen RAF-Mitglieder verhängten besonderen Sicherheitsmaßnahmen, wozu insbesondere deren ständige Trennung von den übrigen Gefangenen, ihr Ausschluß aus dem Gemeinschaftsleben der Anstalt und eine strenge Kontrolle ihrer Kontakte untereinander sowie zur Außenwelt (körperliche Durchsuchung der Häftlinge nach Besuchen, vorübergehende totale Kontaktsperre) gehörten, als konventionsgemäß angesehen. Ihrer Ansicht nach kann allerdings eine Sinnesisolation (isolement sensoriel) verbunden mit einer völligen sozialen Isolierung zur Zerstörung der Persönlichkeit führen. Sie stelle damit eine Form von unmenschlicher Behandlung dar, die auch nicht mit Sicherheitserfordernissen gerechtfertigt werden könne. In dem zu entscheidenden Fall seien die Beschwerdeführer dagegen lediglich einer relativen sozialen Isolierung unterworfen worden, die sich noch im Rahmen des Art. 3 MRK gehalten habe[51].

---

[45] Bericht der Kommission, S. 378 f. mit einem Hinweis auf die Resolution der UN-Generalversammlung Nr. 3453 (XXX) vom 9. 12. 1975.
[46] Zum Folgenden vgl. insbesondere *Doswald-Beck*, NILR 25 (1978), S. 25 ff. mit weiteren Nachweisen.
[47] Beschwerde Nr. 2749/66 (de Courcy v. United Kingdom), YB X, S. 382.
[48] Beschwerde Nr. 2291/64 (X. v. Österreich), CD 24, S. 20.
[49] Beschwerde Nr. 2686/65 (Zeidler-Kornmann v. Bundesrepublik Deutschland), YB XI, S. 1020.
[50] Beschwerde Nr. 4340/69 (Simon-Herold v. Österreich), YB XIV, S. 352.
[51] Zulässigkeitsentscheidung vom 8. 7. 1978 über die Beschwerden Nr. 7572/76, 7586/76 und 7587/76 (Ensslin, Baader und Raspe v. Bundesrepublik Deutschland), EuGRZ 1978, S. 314; vgl. in diesem Zusammenhang ferner die

2. Das Folterverbot (Art. 3 MRK)

Einen weiteren Schwerpunkt der Kommissionspraxis zu Art. 3 MRK bilden ferner Beschwerden, welche die bevorstehende oder bereits erfolgte Auslieferung bzw. Ausweisung von Ausländern aus einzelnen Konventionsstaaten betreffen. Wenn auch bislang erst eine einzige Beschwerde für zulässig erklärt wurde[52], so lassen sich der Rechtsprechung der Kommission dennoch einige Hinweise entnehmen, unter welchen Umständen eine nach der MRK an sich nicht verbotene[53] Auslieferung bzw. Ausweisung eine unmenschliche Behandlung im Sinne des Art. 3 MRK darstellt: Dies ist einmal der Fall, wenn bereits die möglichen unmittelbaren Auswirkungen der Maßnahme — etwa in bezug auf den Gesundheitszustand des Betroffenen oder in bezug auf dessen Familienleben — diese als unmenschlich erscheinen lassen[54]. Die Voraussetzungen sind aber auch dann erfüllt, wenn den Betroffenen im Empfangsstaat eine gegen Art. 3 MRK verstoßende Behandlung oder eine wesentliche Beeinträchtigung sonstiger Grundrechte erwartet[55], wobei allerdings die dem Betroffenen möglicherweise drohende Todesstrafe für sich allein nicht als ausreichend angesehen wird[56].

Besondere Bedeutung erlangt das Verbot des Art. 3 MRK ferner im Zusammenhang mit Eingriffen in die körperliche Integrität. So sind die zwangsweise Sterilisierung[57] oder Abtreibung sowie die Vornahme medizinischer Versuche an lebenden Menschen in jedem Fall als unmenschliche Behandlung im Sinne dieser Bestimmung anzusehen. Das gleiche gilt für die gewaltsame Beibringung von Drogen oder ähnliche Formen physischer oder geistiger Zermürbung[58]. Andere Eingriffe wie Blutentnahme, Entnahme von Gehirn- oder Rückenmarksflüssigkeit oder hirnelektrische Untersuchungen können dagegen — etwa im Rahmen eines Gerichtsverfahrens — auch gegen den Willen des Betroffe-

---

Kommissionsentscheidung über die Beschwerde Nr. 6038/73 (Mahler v. Bundesrepublik Deutschland), CD 44, S. 115 = EuGRZ 1974, S. 107 und die Beschwerde Nr. 6166/73 (Baader, Meins, Meinhof und Grundmann v. Bundesrepublik Deutschland), DR 2, S. 58 = EuGRZ 1975, S. 455.

[52] Beschwerde Nr. 5961/71 (Amekrane v. United Kingdom), CD 44, S. 101, die später allerdings zu einer gütlichen Regelung führte.

[53] In Art. 3 Abs. 1 und Art. 4 des 4. Zusatzprotokolls zur MRK wird nur die Ausweisung eigener Staatsangehöriger sowie die Kollektivausweisung von Fremden verboten.

[54] Vgl. *Fawcett*, The Application of the European Convention, S. 39 mit Hinweisen.

[55] Vgl. etwa die Beschwerden Nr. 1465/62, YB V, S. 256; Nr. 1802/62, YB VI, S. 462; Nr. 4314/69, CD 32, S. 96; Nr. 5012/71, CD 40, S. 53; Nr. 6315/73, DR 1, S. 73; Nr. 7465/76, DR 7, S. 153.

[56] Vgl. *Fawcett*, The Application of the European Convention, S. 40.

[57] Vgl. die Kommissionsentscheidung im Fall der Beschwerde Nr. 1287/61, EuGRZ 1974, S. 49; weitere Hinweise auf unveröffentlichte diesbezügliche Entscheidungen der Kommission finden sich in: Convention Européenne des Droits de l'Homme, Manuel, S. 20.

[58] Vgl. *Partsch*, Rechte und Freiheiten, S. 107.

nen durchgeführt werden, wenn dies der Wahrheitsermittlung dient. Weitere Voraussetzung ist allerdings, daß derartige Eingriffe nach den Regeln der ärztlichen Kunst vorgenommen werden und der Grundsatz der Verhältnismäßigkeit gewahrt bleibt[59].

Was schließlich das Verbot unmenschlicher Strafen betrifft, so enthält Art. 3 MRK eine zweifache Schranke: Verboten sind zunächst alle Strafen, die unabhängig von der zugrundeliegenden Straftat allein auf Grund ihrer Vollstreckungsart oder ihrer Wirkung auf den Deliquenten als unmenschlich anzusehen sind[60]. Hierzu müssen beispielsweise besonders grausame Hinrichtungsarten oder Hinrichtungen unter besonders demütigenden Umständen gerechnet werden, wobei allerdings zu beachten ist, daß die in Art. 2 Abs. 1 Satz 2 MRK ausdrücklich zugelassene Todesstrafe an sich noch keine unmenschliche Strafe darstellt. Das gleiche gilt grundsätzlich auch für die lebenslange Freiheitsstrafe, da Art. 3 MRK insoweit keine absolute zeitliche Schranke enthält[61]. Als unmenschlich anzusehen und deshalb gemäß Art. 3 MRK verboten sind Strafen ferner dann, wenn sie — für sich betrachtet — zwar den Anforderungen dieser Vorschrift entsprechen, in dem konkreten Anwendungsfall aber in keinem angemessenen Verhältnis zu dem begangenen Delikt stehen[62].

b) Erniedrigende Behandlung oder Strafe

Nach der von der Kommission ebenfalls zunächst im *Griechenland-Fall* vertretenen und seither mehrfach bekräftigten Auffassung ist ein einzelner dann einer erniedrigenden Strafe oder Behandlung ausgesetzt, „if it grossly humiliates him before others or drives him to act against his will or conscience"[63]. Das in dieser Formel — neben der Einschüchterungskomponente — enthaltene Element der Demütigung wurde von der Kommission im *Fall der ostafrikanischen Asiaten* näher konkretisiert, wo sie darauf abstellte, ob und in welchem Maße ein Betroffener durch die Behandlung in seinem Rang, seiner Stellung,

---

[59] Vgl. *Wurst*, Völkerrechtliche Sicherung der Menschenrechte, S. 117 f.

[60] *Jacobs*, The European Convention, S. 23. Nach Ansicht der Kommission stellen die zusätzlich zur Haft angeordnete Strafe des „Harten Lagers" und die Auferlegung von drei Fasttagen im Jahr noch keinen Verstoß gegen Art. 3 MRK dar, vgl. die Beschwerden Nr. 462/59 (YB II, S. 382) und Nr. 1505/62 (nicht veröffentlicht). Zur Prügelstrafe siehe die folgenden Ausführungen.

[61] Vgl. die Kommissionsentscheidung im Fall der Beschwerde Nr. 5871/72, DR 1, S. 54.

[62] *Jacobs*, The European Convention, S. 31; *Wurst*, Völkerrechtliche Sicherung der Menschenrechte, S. 115.

[63] Vgl. die Berichte der Kommission im *Griechenland-Fall* (YB XII, S. 186), im *Nordirland-Fall* (Beschwerde Nr. 5310/71, S. 377) und im *Fall Tyrer* (Beschwerde Nr. 5856/72, S. 13).

2. Das Folterverbot (Art. 3 MRK) 63

seinem Ruf oder seinem Charakter, sei es in den eigenen Augen oder in denen anderer, herabgesetzt wird[64].

In dem genannten Fall hatten sich die aus den früheren britischen Schutzgebieten in Ostafrika stammenden Beschwerdeführer darüber beschwert, daß ihnen, obwohl sie alle im Besitz britischer Reisepässe waren und teilweise sogar die britische Staatsangehörigkeit besaßen, seitens der britischen Behörden in Anwendung des Commonwealth Immigrants Act von 1968 allein wegen ihrer Herkunft die Einreise bzw. der dauernde Aufenthalt in Großbritannien verweigert worden war. Da Großbritannien das 4. Zusatzprotokoll zur MRK, das in seinem Art. 3 Absatz 2 jedem das Recht garantiert, in das Hoheitsgebiet des Staates einzureisen, dessen Staatsangehöriger er ist, nicht ratifiziert hatte, kam eine diesbezügliche Konventionsverletzung durch Großbritannien von vornherein nicht in Betracht; ebenso wenig konnten sich die Beschwerdeführer auf Art. 14 MRK berufen, da diese Vorschrift Diskriminierungen lediglich in bezug auf die in der MRK geschützten Rechte und Freiheiten verbietet. Die Kommission erklärte die Beschwerde jedoch im Hinblick auf eine mögliche Verletzung des Art. 3 MRK für zulässig, da ihrer Ansicht nach „quite apart from any consideration of Article 14, discrimination based on race could, in certain circumstances, of itself amount to degrading treatment within the meaning of Article 3 of the Convention"[65].

Ob und inwieweit die auf der Insel Man gesetzlich zugelassene Prügelstrafe mit Art. 3 MRK zu vereinbaren ist, hatten Kommission und Gerichtshof im *Fall Tyrer* zu entscheiden. Der Beschwerdeführer war vom Jugendgericht wegen eines tätlichen Angriffs mit Körperverletzung („assault occasioning actual bodily harm") auf einen Mitschüler zu einer Prügelstrafe in Form von drei Schlägen mit einer Rute auf das unbekleidete Gesäß verurteilt worden. Nach Ansicht der beiden Konventionsorgane stellt die auf der Insel Man gehandhabte Prügelstrafe zwar keine Folter oder unmenschliche Behandlung im Sinne des Art. 3 MRK dar. Kommission und Gerichtshof waren jedoch der Meinung, daß hier ein klarer Anwendungsfall einer „erniedrigenden Behandlung oder Strafe" vorliege: Die richterlich angeordnete Prügelstrafe demütige den Täter und gebe ihn der Schande preis, was in besonderem Maße für das im Fall des Beschwerdeführers angewandte Verfahren

---

[64] Bericht der Kommission im Fall der Beschwerden Nr. 4403/70 u. a. (Fallgruppen I und II), S. 84 ff. (zitiert nach dem Bericht der Kommission im *Fall Tyrer*, S. 13). — Das Element der Einschüchterung wird dagegen vom Gerichtshof in seinem Urteil im *Nordirland-Fall*, S. 57, § 167 betont: „The techniques were also degrading since they were such as to arouse in their victims feelings of fear, anguish and inferiority capable of humiliating and debasing them and possibly breaking their physical or moral resistance."
[65] Zulässigkeitsentscheidung vom 10.10.1970 (Fallgruppe I), YB XIII, S. 928 ff. (994).

gelte⁶⁶. Da in dem konkreten Beschwerdefall lediglich über die richterlich angeordnete Prügelstrafe zu entscheiden war, können die Ausführungen der Konventionsorgane — trotz einer gewissen Indizwirkung — allerdings nicht ohne weiteres auf andere Formen körperlicher Züchtigung (z. B. die Prügelstrafe in Schulen) übertragen werden. Insoweit bleiben weitere Entscheidungen der genannten Organe abzuwarten⁶⁷.

c) Folter

Der Begriff der Folter wurde von der Kommission im *Griechenland-Fall* als „inhuman treatment, which has a purpose, such as the obtaining of information or confessions, or the infliction of punishment, and ... is generally an aggravated form of inhuman treatment" — d. h. als eine einen bestimmten Zweck verfolgende unmenschliche Behandlung von besonderer Intensität — definiert⁶⁸. Einen Unterfall hiervon stellt ihrer Ansicht nach die seelische Folter (non-physical torture) dar, die sie als „the infliction of mental suffering by creating a state of anguish and stress by means other than bodily assault" beschrieb⁶⁹. Bei der Prüfung der der griechischen Seite vorgeworfenen Verletzungen des Art. 3 MRK sah die Kommission aus Zweckmäßigkeitserwägungen allerdings keine Veranlassung, zwischen Folter und unmenschlicher Behandlung zu unterscheiden. Sie beschränkte sich vielmehr darauf, festzustellen, ob die ermittelten Fälle von Mißhandlungen unter den weiteren Begriff „torture or ill-treatment" fielen, was sie insbesondere hinsichtlich der Anwendung der „Falanga"⁷⁰, der Verwendung von Elektroschocks, der Durchführung von Scheinexekutionen sowie der Bedrohung einzelner Opfer mit dem Tode bejahte⁷¹.

Im *Nordirland-Fall* hatte die Kommission u. a. zu prüfen, ob und inwieweit die von den britischen Ordnungskräften beim Verhör von mut-

---

⁶⁶ Beschwerde Nr. 5856/72 (Tyrer v. United Kingdom), Kommissionsbericht S. 13; Urteil des Gerichtshofs S. 10 ff., §§ 29 ff.

⁶⁷ Im Fall der Beschwerden Nr. 7511/76 und Nr. 7743/76 (Campbell and Cosans against United Kingdom) hat die Kommission in der bloßen Existenz der Prügelstrafe als Disziplinarmaßnahme an schottischen Schulen noch keinen Verstoß gegen Art. 3 MRK („erniedrigende Behandlung oder Strafe") gesehen. (Bericht vom 16. 5. 1980, S. 39, § 125.)

⁶⁸ Bericht der Kommission, YB XII, S. 186; vgl. ferner die Kommission im *Nordirland-Fall* (Bericht, S. 377) und im *Fall Tyrer* (Bericht, S. 13).

⁶⁹ Bericht der Kommission, YB XII, S. 461. — Da der der Folter zugrunde liegende Begriff der unmenschlichen Behandlung nach Auffassung der Kommission auch die seelische Mißhandlung umfaßt (vgl. in diesem Kapitel unter 2. a)), kommt dem Begriff der seelischen Folter neben dem allgemeinen Folterbegriff allerdings keine besondere Bedeutung zu.

⁷⁰ Es handelt sich hierbei um Stockschläge auf die Füße, die starke Schmerzen verursachen, aber kaum Spuren hinterlassen.

⁷¹ Bericht der Kommission, YB XII, S. 186, 498 ff.

2. Das Folterverbot (Art. 3 MRK)

maßlichen IRA-Mitgliedern angewandten „fünf Techniken" mit Art. 3 MRK zu vereinbaren waren. Diese zum Zeitpunkt der Untersuchung des Falles durch die Kommission bereits aufgegebenen Vernehmungsmethoden bestanden darin, die Betroffenen zu zwingen, stundenlang mit gespreizten Armen und Beinen gegen eine Mauer gelehnt zu stehen (wall-standing), ihnen während der Vernehmung einen Sack über den Kopf zu stülpen (hooding), sie einem andauernden und monotonen Geräusch auszusetzen, sie am Schlafen zu hindern und ihnen — mit Ausnahme einer Scheibe Brot und einer Pinte Wasser in Abständen von jeweils sechs Stunden — nichts zu Essen oder zu Trinken zu geben. Obwohl nach Ansicht der Kommission einige der genannten Vernehmungsmethoden, wie etwa der Entzug von Schlaf und Nahrung, für sich gesehen nicht unbedingt eine Verletzung des Art. 3 MRK darstellen, kam sie dennoch einstimmig zu dem Ergebnis, daß die kombinierte Anwendung der „fünf Techniken" nicht nur den Tatbestand der unmenschlichen Behandlung sondern auch die Voraussetzungen der Folter erfüllte[72].

Im Gegensatz zur Kommission stellte der Gerichtshof bei seiner Definition des Folterbegriffs im *Nordirland-Fall* weniger auf den Zweck der Mißhandlung als vielmehr auf die Schwere des dem Opfer zugefügten Leidens ab. Seiner Ansicht nach ergibt sich aus der Unterscheidung zwischen „Folter" und „unmenschlicher oder erniedrigender Behandlung" in Art. 3 MRK, „that it was the intention that the Convention ... should by the first of these terms attach a special stigma to deliberate inhuman treatment causing very serious and cruel suffering"[73]. Da die umstrittenen Vernehmungstechniken bei den Betroffenen nach Meinung des Gerichts jedoch kein „Leiden von besonderer Intensität und Grausamkeit" verursachten, gelangte es zu dem Schluß, daß ihre Anwendung zwar eine Verletzung des Art. 3 MRK unter dem Gesichtspunkt der unmenschlichen und erniedrigenden Behandlung, nicht aber unter dem Gesichtspunkt der Folter darstellte[74].

---

[72] Vgl. den Bericht der Kommission im *Nordirland-Fall*, S. 402: „Although the five techniques ... might not necessarily cause any severe after-effects the Commission sees in them a modern system of torture falling into the same category as those systems which have been applied in previous times as a means of obtaining information and confessions."

[73] Urteil des Gerichtshofs im *Nordirland-Fall*, S. 57, § 167.

[74] Die Entscheidung erging mit 16 zu 1 (Bejahung der unmenschlichen und erniedrigenden Behandlung) bzw. mit 13 zu 4 Stimmen (Verneinung der Folter), S. 82 des Urteils. — Nach Ansicht der in der Folterfrage überstimmten Minderheit reicht der allein auf die Schwere des zugefügten Leidens abstellende („mittelalterliche") Folterbegriff der Mehrheit nicht aus, um das Phänomen der Folter heute angesichts der fortgeschrittenen technischen Entwicklung hinreichend zu erfassen. Sie trat daher für einen weiteren, auch die jeweils angewandte Methode berücksichtigenden Folterbegriff ein; vgl. die Sondervoten der Richter *Zekia, O'Donoghue, Evrigenis* und *Matscher* (S. 84 ff.).

3. Das Sklavereiverbot (Art. 4 Abs. 1 MRK)

Gemäß Art. 4 Abs. 1 MRK, der insoweit Art. 4 Satz 1 der UN-Menschenrechtserklärung sowie Art. 8 Abs. 1 und 2 des UN-Pakts über bürgerliche und politische Rechte entspricht, darf niemand in Sklaverei oder Leibeigenschaft gehalten werden. Unter Sklaverei ist hierbei „die Rechtsstellung oder Lage einer Person" zu verstehen, „an der einzelne oder alle der mit dem Eigentumsrecht verbundenen Befugnisse ausgeübt werden"[75]. Der Umstand, daß das in den genannten UN-Bestimmungen zusätzlich enthaltene Verbot des Sklavenhandels nicht ebenfalls in Art. 4 Abs. 1 MRK übernommen wurde, bedeutet in diesem Zusammenhang nicht, daß der Sklavenhandel nach der Konvention gestattet ist; als unmittelbare Vorstufe zur Sklaverei bzw. als Teil derselben fällt er vielmehr ebenfalls unter das Verbot des Art. 4 Abs. 1 MRK, ohne daß dies einer ausdrücklichen Erwähnung bedarf[76]. Die in der Vorschrift ebenfalls verbotene Leibeigenschaft stellt gegenüber der Sklaverei eine schwächere Form der Untergebenheit dar. Unter Berücksichtigung der in den beiden authentischen (englischen und französischen) Fassungen verwandten Begriffe „servitude" / „servitude" läßt sich diese wohl am besten als ein zu Arbeits- oder sonstigen Dienstleistungen auf Dauer verpflichtendes unfreiwilliges Abhängigkeitsverhältnis beschreiben[77].

Das Verbot der Sklaverei und der Leibeigenschaft hat heute in den Konventionsstaaten und — soweit vorhanden — in deren überseeischen Gebieten keinerlei praktische Bedeutung mehr. Anders verhält es sich dagegen mit dem Verbot der Zwangs- oder Pflichtarbeit des Art. 4 Abs. 2 MRK, das weniger den Status des einzelnen als vielmehr die Art der Arbeits- oder Dienstleistung betrifft[78]. Diese Bestimmung gehört jedoch im Gegensatz zu dem Verbot der Sklaverei und der Leibeigenschaft des Art. 4 Abs. 1 MRK nicht zu den in Art. 15 Abs. 2 MRK für notstandsfest erklärten Grundrechten.

---

[75] Vgl. Art. 7 des Zusatzübereinkommes vom 7. 9. 1956 zum Genfer Sklavereiübereinkommen vom 25. 9. 1926 (BGBl. 1958 II, S. 205).

[76] Vgl. *Wurst*, Völkerrechtliche Sicherung der Menschenrechte, S. 124.

[77] Vgl. in diesem Zusammenhang etwa *Fawcett*, The Application of the European Convention, S. 43; die von *Wurst*, Völkerrechtliche Sicherung der Menschenrechte, S. 124 verwandte Definition des Begriffs („persönliche Abhängigkeit von der Grundherrlichkeit") erscheint dagegen zu sehr an dem deutschen Wort „Leibeigenschaft" orientiert und damit zu eng.

[78] *Fawcett*, The Application of the European Convention, S. 43.

4. Das Verbot rückwirkender Strafgesetze (Art. 7 MRK)

Art. 7 MRK[79] hat ebenso wie der dieser Vorschrift im wesentlichen entsprechende Art. 15 des UN-Pakts über bürgerliche und politische Rechte seinen Ursprung in Art. 11 Abs. 2 der UN-Menschenrechtserklärung von 1948, dessen Wortlaut mit einer Ausnahme wörtlich — jeweils als Abs. 1 — in die genannten Bestimmungen übernommen wurde: Während Art. 11 Abs. 2 der Menschenrechtserklärung die Strafbarkeit einer Tat davon abhängig macht, daß sie bereits im Zeitpunkt ihrer Begehung ein „penal offence" (strafbare Handlung) darstellte, erschien diese Formulierung den mit der Ausarbeitung des UN-Pakts und der MRK befaßten Gremien wegen ihrer möglichen Auswirkungen auf die Gültigkeit der im Nürnberger Kriegsverbrecherprozeß verhängten Strafen als zu eng und wurde deshalb sowohl in Art. 15 UN-Pakt als auch in Art. 7 MRK durch den weiteren Begriff „criminal offence" (strafbare oder strafwürdige Handlung) ersetzt[80]. Ähnliche Erwägungen veranlaßten die Verfasser darüber hinaus, beide Vorschriften — jeweils in ihrem Abs. 2 — durch eine in Art. 11 Abs. 2 der UN-Menschenrechtserklärung noch nicht enthaltene Ausnahmeklausel zu ergänzen[81].

a) Garantie des Art. 7 Abs. 1 MRK

Seinem Inhalt nach stellt Art. 7 Abs. 1 MRK eine Kodifikation der Rechtsgrundsätze „nullum crimen sine lege" und „nulla poena sine lege" dar, denen zufolge eine Handlung oder ein Unterlassen nur dann bestraft werden kann, wenn deren Strafbarkeit sowohl dem Grunde als auch der Höhe nach bereits vor der Tatbegehung gesetzlich bestimmt war. Die Bedeutung dieser Garantie hat die Kommission in einer umfangreichen Rechtsprechung näher präzisiert. Eine Zusammenfassung der wesentlichsten Gesichtspunkte findet sich in einer Entscheidung aus dem Jahre 1963, wo es u. a. heißt[82]:

---

[79] Die Vorschrift lautet in der englischen Fassung:
„1. No one shall be held guilty of any criminal offence on account of any act or omission which did not constitute a criminal offence under national or international law at the time when it was committed. Nor shall a heavier penalty be imposed than the one that was applicable at the time the criminal offence was committed.
2. This Article shall not prejudice the trial and punishment of any person for any act or omission which, at the time when it was committed, was criminal according to the general principles of law recognized by civilized nations."

[80] Die Übersetzung von „criminal" mit „strafbar" in der amtlichen deutschen Fassung erscheint daher nicht ganz korrekt.

[81] Zur Entstehungsgeschichte vgl. insbesondere *Partsch*, Rechte und Freiheiten, S. 170 ff. mit weiteren Nachweisen.

4. Kap.: Die notstandsfesten Grundrechte

„... ce paragraphe ne se borne pas à prohiber — sous réserve du paragraphe 2 — l'application rétroactive de la loi pénale ‚in pejus'; ... il consacre, plus généralement, le principe de la légalité des délits et des peines (‚nullum crimen, nulla poena sine lege'); ... il interdit, en particulier, l'application extensive de la loi pénale ‚in malam partem' par voie d'analogie.

... du principe de la légalité des délits et des peines découle également, de l'avis de la Commission, l'impossibilité de condamner une personne en vertu d'une loi pénale abrogée lorsque les faits incriminés sont postérieurs à cette abrogation."

Bemerkenswert ist an dieser Rechtsprechung die starke Betonung des Legalitätsgrundsatzes einschließlich der Forderung nach restriktiver Auslegung von Strafgesetzen, was in einem gewissen Widerspruch zu der von den Konventionsverfassern aus politischen Gründen angestrebten Ausweitung des dem Art. 7 Abs. 1 MRK zugrunde liegenden Strafnormbegriffes steht. Offenbar haben sich in der Kommission die bereits bei der Ausarbeitung dieser Bestimmung gegen eine derartige „Begriffserweichung"[83] geäußerten Bedenken durchgesetzt.

Was den Anwendungsbereich des Art. 7 Abs. 1 MRK betrifft, so bleibt dieser auf die in einem gerichtlichen Verfahren verhängten Strafen beschränkt, wobei der in den authentischen Fassungen verwandte Strafbegriff („penalty" / „peine") neben Kriminalstrafen auch die sich hiervon nur graduell unterscheidenden Geldbußen sowie Disziplinarstrafen umfaßt[84]. Keine Anwendung findet die Bestimmung dagegen auf Maßregeln der Sicherung und Besserung, da diese keinen Strafcharakter, sondern polizeilichen Charakter haben[85]. Sie gilt ferner nicht im Rahmen der Strafvollstreckung und betrifft insbesondere nicht das Verfahren der bedingten Strafaussetzung[86]. Art. 7 Abs. 1 MRK steht schließlich auch nicht einer nachträglichen Verlängerung oder Aufhebung von Verjährungsvorschriften entgegen, da hierdurch die Strafbar-

---

[82] Entscheidung vom 24. 9. 1963 im Fall der Beschwerde Nr. 1169/61, YB VI, S. 520 ff. (587).

[83] Vgl. *Partsch*, Rechte und Freiheiten, S. 177.

[84] Vgl. *Wurst*, Völkerrechtliche Sicherung der Menschenrechte, S. 126 f.; bezüglich Disziplinarstrafen vgl. ferner OVG Münster, OVGE 11, S. 60 ff. (bejahend) sowie *Morvay*, ZaöRV 21 (1961), S. 341 (verneinend).

[85] *Guradze*, Die Europäische Menschenrechtskonvention, S. 113; *Wurst*, Völkerrechtliche Sicherung der Menschenrechte, S. 128; vgl. ferner das Urteil des Gerichtshofes im *Fall Lawless* (Entscheidung vom 1. 7. 1961), CEDH, Série A, 1960 - 1961, S. 54, § 19, in welchem dieser die Anwendung des Art. 7 MRK im Falle von Präventivmaßnahmen ablehnt — a. A. *Schorn*, MRK-Kommentar, Art. 7 Abs. 1, Anm. 11.

[86] Vgl. insbesondere die Entscheidungen der Kommission im Fall der Beschwerden Nr. 1760/63, YB IX, S. 166 (Rückwirkende Anwendung strenger Strafaussetzungsvorschriften) und Nr. 3347/67, CD 27, S. 136 (Abänderung einer Bewährungsauflage in der Berufungsinstanz). Weitere Rechtsprechungshinweise bei *Partsch*, Rechte und Freiheiten, S. 174, Anm. 582.

4. Das Verbot rückwirkender Strafgesetze (Art. 7 MRK) 69

keit nicht neu begründet, sondern lediglich der Eintritt eines die Durchführung des bereits bestehenden staatlichen Strafanspruchs blockierenden Verfahrenshindernisses aufgeschoben bzw. verhindert wird[87].

b) Ausnahme des Art. 7 Abs. 2 MRK

Gemäß Art. 7 Abs. 2 MRK darf durch das Rückwirkungsverbot des Art. 7 Abs. 1 MRK die Verurteilung oder Bestrafung einer Person nicht ausgeschlossen werden, die sich einer Handlung oder Unterlassung schuldig gemacht hat, welche im Zeitpunkt ihrer Begehung nach den „allgemeinen von den zivilisierten Völkern anerkannten Rechtsgrundsätzen" strafbar war. Nach der sich auf die Vorarbeiten zu Art. 7 MRK stützenden Rechtsprechung der Kommission besteht der Zweck der Klausel darin,

„de préciser que cet article n'affecte pas les lois qui, dans les circonstances tout à fait exceptionnelles qui se sont produites à l'issue de la deuxième guerre mondiale, ont été passées pour réprimer les crimes de guerre et les faits de trahison et de collaboration avec l'ennemi, et ne vise à aucune condamnation juridique ou morale de ces lois"[88].

Ob sich die rückwirkende Verfolgbarkeit der genannten Handlungen mit dem Hinweis auf die in diesem Zusammenhang nur sehr wenig konkreten „allgemeinen von den zivilisierten Völkern anerkannten Rechtsgrundsätze" begründen läßt, erscheint allerdings fraglich[89]. Die Bundesrepublik sah sich wegen diesbezüglicher Bedenken jedenfalls veranlaßt, bei der Ratifikation der Konvention gemäß Art. 64 MRK den Vorbehalt zu machen, daß sie die Bestimmung des Art. 7 Abs. 2 MRK nur in den Grenzen des Art. 103 Abs. 2 GG anwenden wird[90], d. h. nur insoweit, als die darin angesprochenen allgemeinen Rechtsgrundsätze bereits bei der Begehung der Tat ihren Niederschlag in entsprechenden Strafgesetzen gefunden hatten. Da Art. 7 Abs. 2 MRK die Vertragsstaaten lediglich berechtigt, nicht jedoch verpflichtet, Delikte der bezeichneten Art rückwirkend zu bestrafen, wäre ein solches Vorgehen unter dem Gesichtspunkt des Art. 64 MRK an sich nicht erforderlich

---

[87] *Schorn*, MRK-Kommentar, Art. 7 Abs. 1, Anm. 9; *Guradze*, Die Europäische Menschenrechtskonvention, S. 144. — Zu der gleichen Problematik unter dem Aspekt des Art. 103 Abs. 2 GG vgl. insbesondere die Entscheidung des Bundesverfassungsgerichts vom 26. 2. 1969, BVerfGE 25, S. 269 ff. (291).

[88] Vgl. die Entscheidungen der Kommission im Fall der Beschwerden Nr. 268/57, YB I, S. 239 (241) und Nr. 1028/61, YB IV, S. 325 (337); vgl. ferner die Beschwerden Nr. 931/60, CD 6, S. 41 (47) sowie Nr. 214/56, YB II, S. 214 (226).

[89] Vgl. die Kritik bei *Guradze*, Die Europäische Menschenrechtskonvention, S. 115; *Jacobs*, The European Convention, S. 125; *Wurst*, Völkerrechtliche Sicherung der Menschenrechte, S. 129.

[90] BGBl. 1954 II, S. 14; französische Übersetzung in YB I, S. 41.

gewesen. Der Vorbehalt ist daher weniger im technischen Sinne als vielmehr im Sinne eines „Bekenntnisses zum Recht"[91] bzw. als Protest gegen die Verwässerung des Grundsatzes „nulla poena sine lege"[92] zu verstehen.

5. Notstandsfeste Grundrechte außerhalb des Art. 15 Abs. 2 MRK?

Der — auch im Vergleich zu den entsprechenden Bestimmungen des UN-Pakts über bürgerliche und politische Rechte[93] sowie der Amerikanischen Menschenrechtskonvention[94] — bescheidene Katalog der in Art. 15 Abs. 2 MRK für aufhebungsfest erklärten Rechte und Freiheiten ist in der Literatur teilweise kritisiert und als ergänzungsbedürftig angesehen worden[95]. Es fragt sich aus diesem Anlaß, ob die Konvention über das „notstandsfeste Minimum" des Art. 15 Abs. 2 MRK hinaus nicht weitere Rechte bzw. Prinzipien enthält, die von den betreffenden Vertragsstaaten auch im Notstandsfall zu beachten sind. Diese Frage soll im folgenden Kapitel im Zusammenhang mit den sonstigen Schranken des Art. 15 MRK behandelt werden.

---

[91] *Schorn*, MRK-Kommentar, Art. 7 Abs. 2, Anm. 2.
[92] *von Weber*, ZStrW 65 (1953), S. 348.
[93] Gemäß Art. 4 Abs. 2 des UN-Pakts über bürgerliche und politische Rechte sind aufhebungsfest: Art. 6 (Recht auf Leben), Art. 7 (Folterverbot), Art. 8 Abs. 1 und 2 (Sklavereiverbot), Art. 11 (Verbot der Schuldhaft), Art. 15 (Verbot rückwirkender Strafgesetze), Art. 16 (Recht auf Anerkennung als Rechtspersönlichkeit) und Art. 18 (Recht auf Gedanken-, Gewissens- und Religionsfreiheit); vgl. hierzu auch oben im 3. Kapitel unter 2. b).
[94] Art. 27 Abs. 2 der Amerikanischen Menschenrechtskonvention vom 22. 11. 1966 — englische Fassung: ILM Vol. IX (1970), S. 99, 673; französische Fassung: R. D. H., Vol. III (1970), S. 509 — sieht folgende notstandsfesten Konventionsbestimmungen vor: Art. 3 (Recht auf Anerkennung als Rechtspersönlichkeit), Art. 4 (Recht auf Leben), Art. 5 (Folterverbot), Art. 6 (Sklavereiverbot), Art. 9 (Verbot rückwirkender Strafgesetze), Art. 12 (Gewissens- und Religionsfreiheit), Art. 17 (Schutz der Familie), Art. 18 (Recht auf Namen), Art. 19 (Rechte des Kindes), Art. 20 (Recht auf Staatsangehörigkeit) und Art. 23 (Schutz der staatsbürgerlichen Rechte).
[95] Vgl. *Weiß*, Europäische Menschenrechtskonvention, S. 18; *Guradze*, Die Europäische Menschenrechtskonvention, S. 198; *Huber*, ZaöRV 21 (1961), S. 662 und *Bischofberger*, Verfahrensgarantien der MRK, S. 231.

Fünftes Kapitel

Die sonstigen Schranken des Art. 15 MRK

1. Das Diskriminierungsverbot (Art. 14 MRK)

Anders als dies bei Art. 7 der UN-Menschenrechtserklärung, Art. 26 des UN-Pakts über bürgerliche und politische Rechte sowie bei Art. 24 der Amerikanischen Menschenrechtskonvention der Fall ist, kennt die Europäische Menschenrechtskonvention kein allgemeines Gleichbehandlungsgebot. Die mit der Ausarbeitung der Konvention befaßten Gremien hatten zwar mehrfach die Aufnahme eines derartigen Gebots in den Grundrechtskatalog erwogen, den Gedanken jedoch stets wieder verworfen, da dies mit der beschränkten Zielsetzung der Konvention, nur einige als besonders wichtig angesehene Grundrechte zu garantieren, nicht zu vereinbaren gewesen wäre[1]. Man begnügte sich stattdessen damit, in Art. 14 MRK ein lediglich auf die in der Konvention gewährten Rechte bezogenes Diskriminierungsverbot auszusprechen[2], was Diskriminierungen hinsichtlich sonstiger Rechte und Freiheiten außerhalb der Konvention unberührt läßt[3].

Während die Konventionsverfasser den Anwendungsbereich des Art. 14 MRK somit eng begrenzten, wurde der Kreis der unzulässigen Unterscheidungsmerkmale von ihnen bewußt offen gehalten, so daß auch eine unterschiedliche Behandlung aus anderen als den dort genannten Gründen gegen Art. 14 MRK verstoßen kann. In der deutschen Textfassung kommt dies zwar nicht zum Ausdruck; sie scheint vielmehr von einer abschließenden Regelung auszugehen[4]. Die Formulierungen

---

[1] Vgl. *Partsch*, Rechte und Freiheiten, S. 90 mit weiteren Nachweisen.

[2] Art. 14 MRK lautet in der englischen Fassung: „The enjoyment of the rights and freedoms set forth in this Convention shall be secured without discrimination on any ground such as sex, race, colour, language, religion, political or other opinion, national or social origin, association with a national minority, property, birth or other status."

[3] In Fällen, in denen eine Ungleichbehandlung hinsichtlich in der Konvention nicht geschützter Rechte behauptet wurde, hat es die Kommission daher regelmäßig abgelehnt, eine Verletzung des Art. 14 MRK zu prüfen: Beschwerde Nr. 86/55 (Recht auf Gewerbeausübung), YB I, S. 198; Nr. 95/55 (Recht auf Zugang zu öffentlichen Ämtern), YB I, S. 201; Nr. 238/56 (Recht auf Erteilung einer Aufenthaltsgenehmigung), YB I, S. 205; Nr. 436/58 (Recht auf bezahlten Urlaub), YB II, S. 386.

"without discrimination on any ground such as ..." bzw. „sans distinction aucune, fondée notamment ..." in den beiden authentischen Fassungen weisen jedoch eindeutig auf den Beispielcharakter der in Art. 14 MRK aufgeführten Unterscheidungsmerkmale hin[5].

Andererseits darf Art. 14 MRK trotz des sehr allgemeinen Wortlauts der französischen Fassung aber nicht so verstanden werden, als sei hierdurch jede unterschiedliche Behandlung auf Grund der genannten Kriterien untersagt. Im Rahmen der Vorschrift ist vielmehr zwischen erlaubter Differenzierung und verbotener Diskriminierung zu unterscheiden[6]. Der Begriff der verbotenen Diskriminierung wurde von der Kommission erstmals im *Fall Grandrath* näher erläutert, wo sie u. a. ausführte:

„The notion of discrimination ... implies a comparison between two or more different groups or categories of individuals and the finding that one group or category is being treated differently from — and less favourably than — another group or category and, secondly, that such different treatment is based on grounds which are not acceptable[7]."

Noch präziser hat sich der Gerichtshof in seiner Entscheidung im *belgischen Sprachenfall* ausgedrückt. Seiner Ansicht nach liegt eine Diskriminierung dann vor, wenn die Unterscheidung keinen objektiven und vernünftigen Rechtfertigungsgrund hat oder zwischen den eingesetzten Mitteln und dem angestrebten Ziel kein angemessenes Verhältnis besteht[8].

Die erwähnten Entscheidungen sind in bezug auf Art. 14 MRK ferner insoweit von Bedeutung, als sie einen Wendepunkt in der damaligen Konventionspraxis darstellen, nach welcher eine Verletzung des Diskriminierungsverbots stets nur in Verbindung mit der Verletzung einer materiellen Konventionsgarantie möglich war und Diskriminierungen, die sich innerhalb der Schranken der betreffenden Garantien bewegten, niemals gegen Art. 14 MRK verstießen[9]. Nach Auffassung des Ge-

---

[4] „Der Genuß der ... Rechte und Freiheiten muß ohne Unterschied des Geschlechts, der Rasse, Hautfarbe, Sprache usw. ... gewährleistet werden."

[5] Vgl. den Gerichtshof im *Fall Engel u. a.* (Urteil vom 8. 6. 1976), CEDH, Série A Bd. 22, S. 30, § 72.

[6] Insoweit muß der Wortlaut der französischen Fassung („sans distinction aucune") im Lichte des engeren Textes der englischen Fassung („without discrimination") gelesen werden; vgl. den Gerichtshof im *belgischen Sprachenfall* (Urteil vom 23. 7. 1968), CEDH, Série A Bd. 6, S. 34, § 10.

[7] Beschwerde Nr. 2299/64 (Grandrath v. Bundesrepublik Deutschland), Bericht vom 12. 12. 1966, YB X, S. 626 (680).

[8] CEDH, Série A Bd. 6, S. 34, § 10; vgl. ferner den Gerichtshof im *Fall Nationale belgische Polizeigewerkschaft* (Urteil vom 27. 10. 1975), CEDH, Série A Bd. 19, S. 20, § 46.

[9] Vgl. etwa die Entscheidungen der Kommission im Fall der Beschwerden Nr. 788/60 (Österreich v. Italien), YB IV, S. 116 (178) und Nr. 911/60 (X. v. Schweden), YB IV, S. 198 (222).

1. Das Diskriminierungsverbot (Art. 14 MRK)

richtshofs, die im wesentlichen von der Kommission geteilt wird, bedeutet die Tatsache, daß Art. 14 MRK keine selbständige Bedeutung hat und sich nur auf die in der MRK festgelegten Rechte und Freiheiten bezieht, andererseits jedoch nicht, daß die Anwendung dieser Bestimmung in jedem Fall die Verletzung einer entsprechenden Konventionsgarantie voraussetzt. Vielmehr könne eine Maßnahme, die für sich betrachtet den Erfordernissen einer bestimmten Konventionsvorschrift entspricht, deshalb gegen jene Vorschrift in Verbindung mit Art. 14 MRK verstoßen, weil sie im ganzen gesehen diskriminierend ist. Art. 14 MRK müsse in der Praxis gleichsam als wesentlicher Bestandteil einer jeden Konventionsgarantie angesehen werden, welcher Art diese auch immer sei[10].

Die sich aus dieser Auslegung des Art. 14 MRK für die Rechtsprechung zu Art. 15 MRK ergebenden Konsequenzen zeigt der erst kürzlich vor den Straßburger Instanzen abgeschlossene *Nordirland-Fall*: Kommission und Gerichtshof hatten in dem jeweiligen Verfahren zunächst festgestellt, daß die in Nordirland in dem fraglichen Zeitraum gegen Mitglieder der IRA (Irish Republican Army) verhängte administrative Haft zwar nicht den Erfordernissen des Art. 5 Abs. 1 - 4 MRK entsprach, diese aber angesichts der damals vorherrschenden Situation als „unbedingt erforderlich" i. S. des Art. 15 Abs. 1 MRK und damit als mit der Konvention vereinbar angesehen[11]. Hierauf prüften die beiden Konventionsorgane unter Hinweis auf das oben zitierte Urteil im *belgischen Sprachenfall* sodann, ob die — für sich betrachtet — konventionskonforme Behandlung von IRA-Mitgliedern nicht wegen ihres im Hinblick auf die Behandlung von Mitgliedern anderer Terrororganisationen möglicherweise diskriminierenden Charakters gegen Art. 5 in Verbindung mit Art. 14 MRK verstieß, was von der irischen Regierung behauptet worden war. Kommission und Gerichtshof stellten in diesem Zusammenhang fest, daß die administrative Haft in der Tat hauptsächlich gegenüber IRA-Mitgliedern angewandt wurde, während Mitglieder loyalistischer Gruppen, wie etwa der UVF (Ulster Volunteer Force) und der UDA (Ulster Defence Association) hiervon relativ selten betroffen waren. Die unterschiedliche Behandlung war ihrer Ansicht nach jedoch deshalb gerechtfertigt, weil die überwiegende Zahl von Terrorakten seinerzeit von IRA-Mitgliedern verübt wurde, die zudem

---

[10] Urteil im *belgischen Sprachenfall*, CEDH, Série A Bd. 6, S. 33, § 9; vgl. ferner die Urteile im *Fall Nationale belgische Polizeigewerkschaft* (CEDH, Série A Bd. 19, S. 19, § 44), im *Fall Schwedische Lokomotivführergewerkschaft* (CEDH, Série A Bd. 20, S. 16, § 45) sowie im *Fall Schmidt und Dahlström* (CEDH, Série A Bd. 21, S. 17, § 39). — Zur Rechtsprechungspraxis der Kommission vgl. deren Berichte im *Fall Grandrath* (YB X, S. 678), im *belgischen Strachenfall* (CEDH, Série B Bd. 3, S. 305) und im *Fall Nationale belgische Polizeigewerkschaft* (CEDH, Série B Bd. 17, S. 57 f.).
[11] Näheres vgl. oben im 3. Kapitel unter 2. b).

über die am weitesten verzweigte und am straffsten geführte Organisation verfügten und somit im Verhältnis zu anderen Terrorgruppen eine weitaus größere Bedrohung für den Staat darstellten. Darüber hinaus hatte es sich in der Praxis gezeigt, daß den Aktivitäten von IRA-Mitgliedern wegen der häufig festzustellenden Einschüchterung von Zeugen mit den Mitteln des Strafprozeßrechts kaum begegnet werden konnte, was bei Mitgliedern loyalistischer Gruppen in diesem Maße nicht der Fall war. Kommission und Gerichtshof kamen daher zu dem Ergebnis, daß die Handhabung der administrativen Haft durch die zuständigen Behörden nicht gegen das Diskriminierungsverbot (Art. 5 in Verbindung mit Art. 14 MRK) verstieß[12].

Obwohl Art. 14 MRK nicht zu den in Art. 15 Abs. 2 MRK für aufhebungsfest erklärten Rechten und Freiheiten gehört, kommt dieser Vorschrift auf Grund der geschilderten Rechtsprechung der Konventionsorgane in der Praxis somit die Funktion einer weiteren Schranke des Art. 15 MRK zu, welche die Vertragsstaaten auch in Notstandsfällen zur Unterlassung von Diskriminierungen verpflichtet. Damit entspricht die Rechtslage des Art. 15 MRK insoweit derjenigen anderer Notstandsklauseln, die — wie etwa Art. 4 Abs. 1 des UN-Pakts über bürgerliche und politische Rechte oder Art. 27 Abs. 1 der Amerikanischen Menschenrechtskonvention[13] — bereits in ihrem Wortlaut ein ausdrückliches Diskriminierungsverbot enthalten.

2. Das Verbot mißbräuchlicher Rechtsausübung (Art. 17 MRK)

Gemäß Art. 17 MRK darf keine Bestimmung der Konvention dahin ausgelegt werden, daß sie für einen Staat, eine Gruppe oder eine Person das Recht begründet, eine Tätigkeit auszuüben oder eine Handlung zu begehen, die auf die Abschaffung der in der Konvention festgelegten Rechte und Freiheiten oder auf weitergehende Beschränkungen dieser Rechte und Freiheiten, als in der Konvention vorgesehen, hinzielt[14]. Die Vorschrift, die fast wörtlich mit Art. 30 der UN-Menschen-

---

[12] ECHR, Application No. 5310/71 (Ireland against The United Kingdom of Great Britain and Northern Ireland), Report of the Commission, S. 203 ff. (220); European Court of Human Rights, Judgment of 18 January 1978, S. 73 ff., §§ 225 ff.
[13] In Art. 4 Abs. 1 des UN-Pakts über bürgerliche und politische Rechte, der insoweit fast wörtlich mit Art. 27 Abs. 1 der Amerikanischen Menschenrechtskonvention übereinstimmt, heißt es: „... provided that such measures ... do not involve discrimination solely on the ground of race, colour, sex, language, religion or social origin."
[14] Die Bestimmung lautet in der englischen Fassung: „Nothing in this Convention may be interpreted as implying for any State, group or person any right to engage in any activity or perform any act aimed at the destruction

2. Das Verbot mißbräuchlicher Rechtsausübung (Art. 17 MRK)

rechtserklärung sowie Art. 5 Abs. 1 des UN-Pakts über bürgerliche und politische Rechte übereinstimmt, stellt eine in eine Auslegungsregel gekleidete materiellrechtliche Schranke[15] mit zwei verschiedenen Wirkungsbereichen dar:

Einmal wendet sich Art. 17 MRK an die einzelnen Grundrechtsträger, denen er verbietet, die ihnen in der Konvention gewährten Rechte und Freiheiten zu einer konventionsfeindlichen Tätigkeit zu mißbrauchen. Er hat insoweit die Funktion einer Gewährleistungsschranke, die sich von der Verwirkungsklausel des Art. 18 GG insbesondere dadurch unterscheidet, daß sie keinen Entzug von Grundrechten auf Dauer vorsieht, sondern lediglich deren konventionswidrige Inanspruchnahme im konkreten Einzelfall verhindert[16] und im übrigen den Status des betreffenden Grundrechtsträgers unberührt läßt. Nach der Rechtsprechung der Konventionsorgane bezieht sich Art. 17 MRK demgemäß nur auf „positive", d. h. für eine konventionsfeindliche Tätigkeit mißbrauchbare Grundrechte, wozu insbesondere die Gedankenfreiheit (Art. 9 MRK), die Meinungsfreiheit (Art. 10 MRK) sowie die Versammlungs- und die Vereinigungsfreiheit (Art. 11 MRK) zu zählen sind, während er auf „negative" Grundrechte, wie die Freiheits- und Verfahrensgarantien der Art. 5 und 6 MRK, keine Anwendung findet[17].

Zum anderen richtet sich das Mißbrauchsverbot des Art. 17 MRK aber auch an die Vertragsstaaten selbst, und zwar insoweit, als diesen in der Konvention die Befugnis zur Beschränkung von Grundrechten eingeräumt ist, wobei ihm die Funktion einer Eingriffsschranke zukommt. In diesem Zusammenhang bezieht sich Art. 17 MRK einmal auf die in den einzelnen Grundrechtsbestimmungen enthaltenen Spezialschranken, wie dies insbesondere bei den Art. 8 - 11 Abs. 2 MRK der Fall ist. Er betrifft daneben aber auch die Notstandsklausel des Art. 15 MRK[18], wobei allerdings zu beachten ist, daß bereits nach dem Wortlaut des Art. 15 Abs. 1 MRK die Grundrechte nur in dem Umfang außer Kraft gesetzt werden dürfen, „den die Lage unbedingt erfordert"

---

of any of the rights and freedoms set forth herein or at their limitation to a greater extent than is provided for in the Convention."

[15] *Guradze*, Die Europäische Menschenrechtskonvention, S. 202; *Partsch*, Rechte und Freiheiten, S. 80.

[16] Vgl. *Hoffmann-Remy*, Möglichkeiten der Grundrechtseinschränkung, S. 51.

[17] Vgl. die Ansicht der Kommission im *Fall Lawless*, CEDH, Série B, 1960 - 1961, S. 180, die auch vom Gerichtshof geteilt wurde: „Lawless" Case (Merits), Judgment of 1st July 1961, CEDH, Série A, 1960 - 1961, S. 45, § 6 f.

[18] Vgl. etwa *Fawcett*, The Application of the European Convention, S. 253; *Guradze*, Die Europäische Menschenrechtskonvention, S. 204 sowie die Kommission im *Griechenland-Fall*, YB XII, S. 111 f. — a. A. *Schorn*, MRK-Kommentar, Art. 17, Anm. 2, der das Mißbrauchsverbot des Art. 17 MRK nur auf Grundrechte bezieht.

(Übermaßverbot)[19]. Soweit Art. 17 MRK den Staaten verbietet, diese Rechte über das in der Konvention vorgesehene Maß hinaus einzuschränken, kann das Verbot in bezug auf Art. 15 MRK daher nur deklaratorische Bedeutung haben.

3. Das Verbot des „détournement de pouvoir" (Art. 18 MRK)

Im wesentlichen deklaratorischer Natur ist im Hinblick auf Art. 15 MRK auch das Verbot des Art. 18 MRK, die nach der Konvention gestatteten Einschränkungen der darin gewährten Grundrechte für andere als die vorgesehenen Zwecke anzuwenden[20]. Dies ergibt sich daraus, daß die im Rahmen des Art. 15 Abs. 1 MRK vorzunehmende Prüfung der Erforderlichkeit einzelner Notstandsmaßnahmen zwangsläufig die Beantwortung der Frage nach deren konventionsgemäßer Zielsetzung voraussetzt. Von entsprechenden Erwägungen ging anscheinend auch die Kommission im *Fall de Becker* aus, wo sie unter Berufung auf den Wortlaut des Art. 15 MRK die Auffassung vertrat, daß grundrechtssuspendierende Maßnahmen nur während der tatsächlichen Dauer einer Krisensituation zulässig sind, und in diesem Zusammenhang nur hilfsweise auf Art. 18 MRK verwies[21]. Eine gewisse eigenständige Bedeutung des Art. 18 MRK in bezug auf Art. 15 MRK läßt sich dagegen den Ausführungen des Gerichtshofs in dessen *Lawless-Urteil* entnehmen, wo es u. a. heißt:

„... there is nothing to show that the powers of detention conferred upon the Irish Government by the Offences against the State (Amendment) Act 1940, were employed against him, either within the meaning of Article 18 of the Convention, for a purpose other than that for which they were granted, or within the meaning of Article 15 of the Convention, by virtue of a measure going beyond what was strictly required by the situation at that time[22]."

4. Die Grundsätze der „demokratischen Gesellschaft"

Eine besondere Bedeutung in bezug auf Art. 15 MRK erlangen die Art. 17 und 18 MRK jedoch insoweit, als sie — teilweise in Verbindung

---

[19] Näheres zum Übermaßverbot in Art. 15 MRK vgl. oben im 3. Kapitel unter 1.

[20] Art. 18 lautet in der englischen Fassung: „The restrictions permitted under this Convention to the said rights and freedoms shall not be applied for any purpose other than those for which they have been prescribed."

[21] CEDH, Série B, 1962, S. 133. — Näheres hierzu vgl. oben im 3. Kapitel unter 1. b).

[22] „Lawless" Case (Merits), Judgment of 1st July 1961, CEDH, Série A, 1960 - 1961, S. 59, § 38. — Vgl. hierzu auch 3. Kapitel, 1. b).

4. Die Grundsätze der „demokratischen Gesellschaft"

mit dem „Glaubensbekenntnis" der Präambel an ein „wahrhaft demokratisches politisches Regime" als der Grundlage der Menschenrechte und Grundfreiheiten — über ihren Wortlaut hinausgehend als Schutznorm zugunsten der „demokratischen Gesellschaft" ausgelegt werden, deren Grundsätze sowohl bei der Ausübung als auch bei der Beschränkung von Konventionsrechten zu beachten sind[23]. Teilweise wird in diesem Zusammenhang auch auf den Wortlaut der Art. 8 - 11 Abs. 2 MRK verwiesen, wonach Eingriffe in die dort genannten Grundrechte ausdrücklich auf das in einer „demokratischen Gesellschaft" notwendige Maß beschränkt bleiben müssen, und hieraus ein für die MRK im ganzen geltendes Prinzip hergeleitet[24].

Im Hinblick auf Art. 15 MRK könnten sich Bedenken gegen die Funktion der „demokratischen Gesellschaft" als zusätzliche Schranke allerdings deshalb ergeben, weil diese Bestimmung im Gegensatz zu den sonstigen in der MRK vorgesehenen staatlichen Eingriffsmöglichkeiten eine Ausnahmesituation betrifft, in welcher der Schutz des Staates zeitweilig Vorrang vor dem Schutz einzelner Grundrechte genießt, und somit — zumindest kurzfristig — eine Beeinträchtigung der „demokratischen Gesellschaft" in Kauf genommen wird. Hierbei ist jedoch zu beachten, daß Art. 15 MRK letztlich nicht den Schutz irgendeines beliebigen Staatswesens, sondern — wie sich aus der Präambel ergibt — allein den Schutz des „wahrhaft demokratischen" Staates bezweckt, dessen Erhaltung bzw. Wiederherstellung die vorübergehende Aufhebung von Konventionsrechten zu dienen hat. Als Maßstab dieser gleichsam übergeordneten Zielsetzung sind die Grundsätze der „demokratischen Gesellschaft" demgemäß auch im Rahmen des Art. 15 MRK von Bedeutung[25].

---

[23] Vgl. etwa *Beddard*, Human Rights and Europe, S. 48 und *Tremblay*, Les Cahiers de Droit 18 (1977), S. 34; bez. Art. 17 MRK vgl. auch *Fawcett*, The Application of the European Convention, S. 255 sowie *Herzog*, AöR 86 (1961), S. 204. — Vgl. in diesem Zusammenhang ferner die KPD-Entscheidung der Kommission vom 20. 7. 1957 (Beschwerde Nr. 250/57), wo diese zu Art. 17 MRK u. a. ausführte:
„... que cette disposition fondamentale de la Convention a pour objectif la sauvegarde des droits que cette Convention énumère par la protection du libre fonctionnement des institutions démocratiques" (YB I, S. 224).
[24] Vgl. *Hoffmann-Remy*, Die Möglichkeiten der Grundrechtseinschränkung, S. 69 sowie *Ganshof van der Meersch*, EuGRZ 1978, S. 39. — Hinweise auf die „demokratische Gesellschaft" als allgemeines Prinzip der MRK finden sich ferner in den Entscheidungen des Gerichtshofs im *Fall Lawless* (Urteil vom 14. 11. 1960), CEDH, Série A, 1960 - 1961, S. 13 sowie im *belgischen Sprachenfall* (Urteil vom 23. 7. 1968), CEDH, Série A, 1968, S. 34, § 10.
[25] Vgl. hierzu insbesondere die Sondervoten der Kommissionsmitglieder *Ermacora* und *Busuttil* im *Griechenland-Fall*, YB XII, S. 102 f. und 113 ff. (119).

a) Begriff der „demokratischen Gesellschaft"

Soweit ersichtlich, wurde der Begriff der sich außer in den bereits genannten Art. 8 - 11 Abs. 2 MRK auch in Art. 2 Abs. 3 und 4 des 4. Zusatzprotokolls zur MRK findet[26], aus Art. 29 Abs. 2 der UN-Menschenrechtserklärung übernommen[27]. Während es bei dem in der UN-Menschenrechtserklärung enthaltenen Demokratiebegriff jedoch zumindest zweifelhaft erscheint, ob dieser nur im Sinne einer liberalen Demokratie westlicher Prägung verstanden werden kann, ergeben sich diese Schwierigkeiten bei der MRK nicht, da bei ihr allein das den Mitgliedstaaten des Europarats gemeinsame Demokratieverständnis, wie es in der Präambel der Konvention zum Ausdruck gebracht wird, zugrunde zu legen ist[28].

Mit dieser Eingrenzung auf die Demokratie westlicher Prägung ist der Inhalt des Begriffs jedoch noch nicht eindeutig festgelegt, wie die verschiedenen im Schrifttum anzutreffenden Definitionsversuche beweisen: Sie reichen von „état social de liberté politique et de droits individuels"[29] bis zu „état de droit"[30], wobei als besondere Wesensmerkmale u. a. die Meinungs- und Versammlungsfreiheit, das Mehrparteiensystem, die Durchführung freier Wahlen, das Gewaltenteilungsprinzip, der Grundsatz der Gesetzmäßigkeit der Verwaltung und das Vorhandensein von Grundrechten genannt werden[31].

Die angeführten Kriterien lassen erkennen, daß der Begriff der „demokratischen Gesellschaft" nicht nur als Summe der in der MRK enthaltenen Grundrechtsverbürgungen zu verstehen ist, sondern teilweise erheblich darüber hinausreicht. Dies rechtfertigt wiederum die Annahme, daß mit dem Hinweis auf die „demokratische Gesellschaft" als Schranke staatlicher Eingriffsmöglichkeiten gewissermaßen ein Auffangtatbestand geschaffen werden sollte, der auch diejenigen Rechte und Freiheiten sowie diejenigen demokratischen Grundsätze und Institutionen einschließt, deren direkte Einbeziehung in den Schutzbereich der MRK politisch nicht praktikabel erschien[32].

---

[26] In Art. 6 Abs. 1 MRK ist ferner vom „demokratischen Staat" die Rede.

[27] Vgl. *Hoffmann-Remy*, Möglichkeiten der Grundrechtseinschränkung, S. 57; *Partsch*, Rechte und Freiheiten, S. 88; *Vegleris*, R. D. H., Vol. I (1968), S. 229 ff.

[28] *Hoffmann-Remy*, Möglichkeiten der Grundrechtseinschränkung, S. 58 ff.; *Partsch*, Rechte und Freiheiten, S. 88 f.

[29] *Vegleris*, R. D. H., Vol. I (1968), S. 228.

[30] *Cassin*, R. I. D. C. 20 (1968), S. 461. — Weitere Beispiele vgl. bei *Bleckmann*, Cahiers de droit européen 1967, S. 395.

[31] Vgl. in diesem Zusammenhang ferner die Ausführungen zum Begriff der „freiheitlich demokratischen Grundordnung" in BVerfGE 2, 1 ff. (14) (SRP-Urteil) und in BVerfGE 5, 85 ff. (140) (KPD-Urteil) sowie zum Begriff des Rechtsstaates bei *Doehring*, Staatsrecht, S. 222 ff.

4. Die Grundsätze der „demokratischen Gesellschaft"

Darüber hinaus ist der Begriff der „demokratischen Gesellschaft" wegen seines nur in Teilbereichen festgeschriebenen Inhalts in besonderem Maße entwicklungsfähig und deshalb geeignet, die sich im Laufe der Zeit gewandelten Auffassungen hinsichtlich dessen, was zum Wesen der Demokratie gehört, ohne Änderung des Vertragstextes zum Bestandteil der MRK zu machen[33].

Die Flexibilität des Begriffes erweist sich auch insoweit, als er auf keine der in den einzelnen Konventionsstaaten jeweils bestehenden unterschiedlichen Demokratievorstellungen festgelegt ist. Dennoch enthält er in seinem Kernbereich einen für alle Vertragsparteien gültigen Demokratiestandard, der den Begriff der „demokratischen Gesellschaft" gleichsam zum Leitmotiv der in Abs. 3 der Präambel den Mitgliedstaaten auferlegten Angleichung ihrer Rechtsordnungen werden läßt[34].

b) Bedeutung des Begriffs im Rahmen des Art. 15 MRK

Die Bedeutung liegt zum einen darin, daß Schutzobjekt des Art. 15 MRK nur dasjenige Staatswesen sein kann, das die Grundsätze der „demokratischen Gesellschaft" in dem zuvor beschriebenen Sinne verkörpert. Von besonderer Aktualität war diese Frage in dem bereits mehrfach zitierten *Griechenland-Fall*, wo es u. a. auch darum ging, ob und inwieweit eine Revolutionsregierung unter Berufung auf Art. 15 MRK zur Suspendierung von Konventionsbestimmungen berechtigt ist:

Nach Ansicht der beschwerdeführenden Staaten diente Art. 15 MRK allein dem Schutz eines „democratically organised state with a constitutional government". Es sei daher zu prüfen, „whether the measures of derogation have been taken by the legally established authorities in order to protect the democratic institutions". Dies war nach Meinung der Beschwerdeführer bei der griechischen Revolutionsregierung aber gerade nicht der Fall. Letztere habe vielmehr selbst eine Gefahrensituation geschaffen, welche die verfassungsmäßige Regierung ihrerseits zu Gegenmaßnahmen im Rahmen des Art. 15 MRK berechtigte[35].

Die Kommissionsmehrheit vertrat dagegen die Auffassung, daß die Revolution, für sich gesehen, keinen Einfluß auf die sich für Griechenland aus der MRK ergebenden Rechte und Pflichten habe. Die griechische Regierung sei daher berechtigt gewesen, bei Vorliegen der ent-

---

[32] *Hoffmann-Remy*, Möglichkeiten der Grundrechtseinschränkung, S. 59; *Vegleris*, R. D. H., Vol. I (1968), S. 238.
[33] *Hoffmann-Remy*, Möglichkeiten der Grundrechtseinschränkung, S. 60.
[34] *Vegleris*, R. D. H., Vol. I (1968), S. 238; *Hoffmann-Remy*, Möglichkeiten der Grundrechtseinschränkung, S. 60.
[35] YB XII (The Greek Case), S. 32; vgl. in diesem Zusammenhang auch *Walter*, Die Europäische Menschenrechtsordnung, S. 106 f.

sprechenden Voraussetzungen auf die in Art. 15 MRK vorgesehenen Einschränkungsmöglichkeiten zurückzugreifen[36]. Im Rahmen ihrer weiteren Prüfung stellte die Kommissionsmehrheit dann jedoch fest, daß in Griechenland weder zum Zeitpunkt des Militärputsches noch in dem Zeitraum danach eine Notstandssituation im Sinne des Art. 15 MRK vorgelegen habe[37].

Die Haltung der Kommissionsmehrheit im *Griechenland-Fall* stieß teilweise auf heftige Kritik[38]. So wies das Kommissionsmitglied *Ermacora* — m. E. mit guten Gründen — in einem Sondervotum darauf hin, daß die Kommission bei Anwendung der von beiden Konventionsorganen im *Lawless-Fall* aufgestellten Kriterien im Falle Griechenlands zumindest für den Zeitpunkt der Annahme ihres Berichts das Vorliegen einer Notstandssituation hätte bejahen müssen. Allerdings konnte sich die griechische Regierung seiner Ansicht nach dennoch nicht auf Art. 15 MRK berufen, da sie die für sie bedrohliche Lage selbst verursacht hatte, und zwar insbesondere „by the fact that the Government has taken no effective step to apply Article 3 of the First Protocol[39] in such a way as is intended by the democratic governments referred to in the Preamble to the Convention as well as in the Statute of the Council of Europe"[40].

Am ausführlichsten und im Ergebnis am überzeugendsten setzte sich das Kommissionsmitglied *Busuttil* in seinem Sondervotum mit der Problematik des Falles auseinander[41]. Er wies zunächst darauf hin, daß die Konvention ihrem Wortlaut nach nicht zwischen revolutionären und verfassungsmäßigen Regierungen unterscheidet. Auch ein revolutionäres Regime sei daher berechtigt — sobald es die effektive Kontrolle in dem betreffenden Gebiet ausübe — unter Berufung auf Art. 15 MRK Notstandsmaßnahmen zu ergreifen.

Andererseits werde in der Präambel ein scharfer Trennungsstrich zwischen demokratischen und totalitären Regierungsformen gezogen.

---

[36] YB XII (The Greek Case), S. 32. — Auf dieser Linie bewegt sich auch die Zulässigkeitsentscheidung der Kommission im Fall der *Staatenbeschwerden Zypern - Türkei* (Nr. 6780/74 vom 19. 9. 1974 und Nr. 6950/75 vom 21. 3. 1975) vom 26. 5. 1975, worin diese etwaige verfassungsrechtliche Mängel einer Regierung im Hinblick auf deren Beschwerdebefugnis nach Art. 24 MRK für unschädlich hielt; vgl. YB XVIII, S. 82 ff. (116).
[37] YB XII (The Greek Case), S. 76 und 100; vgl. hierzu auch die Ausführungen im 2. Kapitel unter 2. b).
[38] Vgl. etwa *Tremblay*, Les Cahiers de Droit 18 (1977), S. 35 ff.
[39] In Art 3 des 1. Zusatzprotokolls zur MRK verpflichten sich die Vertragsstaaten, in angemessenen Zeitabständen freie und geheime Wahlen unter Bedingungen abzuhalten, die die freie Äußerung der Meinung des Volkes bei der Wahl der gesetzgebenden Organe gewährleisten.
[40] YB XII (The Greek Case), S. 102.
[41] YB XII (The Greek Case), S. 113, 117 ff.

4. Die Grundsätze der „demokratischen Gesellschaft" 81

Eine Revolutionsregierung, die sich auf Art. 15 MRK berufe, müsse daher beweisen, daß die von ihr getroffenen Suspendierungsmaßnahmen letztlich der Wiederherstellung demokratischer Rechte und Freiheiten dienten und nicht auf deren Zerstörung gerichtet seien. Hierzu stehe der Regierung eine angemessene, von den besonderen Umständen des Falles abhängige Frist zur Verfügung, innerhalb der sie Gelegenheit habe, „ihr Haus in Ordnung zu bringen".

Im Fall der griechischen Revolutionsregierung sah *Busuttil* die Voraussetzungen des Art. 15 MRK zum Zeitpunkt der Machtübernahme am 21. April 1967 als gegeben an. Angesichts der sich danach zusehends entspannenden Lage habe letztere — um ihre demokratischen Zielvorstellungen zu beweisen — auch unter Berücksichtigung eines ihr zuzubilligenden Beurteilungsspielraums jedoch spätestens einen Monat nach dem Umsturz zu den in der MRK gewährten Rechten und Freiheiten zurückkehren müssen. Da dies nicht geschehen sei, habe sie ihre Rechte aus Art. 15 MRK verloren.

Von seiner Funktion als besonderes Qualifikationsmerkmal des im Rahmen von Art. 15 MRK geschützten Staatswesens abgesehen, ist der Begriff der „demokratischen Gesellschaft" auch in bezug auf Art und Umfang der im Notstandsfall getroffenen Suspendierungsmaßnahmen von Bedeutung, und zwar insoweit, als er bei der unter dem Gesichtspunkt des Übermaßverbots vorzunehmenden Prüfung der Verhältnismäßigkeit von Mittel und Zweck den Wertmaßstab für den Einzelfall darstellt[42]. Dies berechtigt wiederum zu der Frage, ob der Katalog der in Art. 15 Abs. 2 MRK für notstandsfest erklärten Rechte und Freiheiten nicht durch weitere Konventionsbestimmungen zu ergänzen ist, deren Aufhebung — gemessen an den Wertvorstellungen der „demokratischen Gesellschaft" — auch im Notstandsfall als unangemessen erscheint:

So hält es *Guradze* für sonderbar, daß nicht auch die Rechte aus Art. 9 MRK von der Suspendierungsmöglichkeit ausgenommen sind. Kein Notstand zwinge zur Einschränkung der Gedanken-, Gewissens- und Religionsfreiheit über das Maß hinaus, das sich ohnedies aus Art. 9 Abs. 2 MRK ergebe[43]. Unter Hinweis auf den kategorischen Wortlaut des Art. 5 Abs. 2 MRK[44] fragt sich ferner *Huber*, ob die Verfahrensgarantien des Art. 5 Abs. 2 - 4 MRK nicht auch in den durch Art. 15 MRK gedeckten Fällen von Freiheitsentziehung zu beachten seien[45].

---

[42] Vgl. hierzu die Ausführungen im 3. Kapitel unter 1.
[43] *Guradze*, Die Europäische Menschenrechtskonvention, S. 198.
[44] Art. 5 Abs. 2 MRK: „Jeder Festgenommene muß in möglichst kurzer Frist und in einer ihm verständlichen Sprache über die Gründe seiner Festnahme und über die gegen ihn erhobenen Beschuldigungen unterrichtet werden."

Diese Frage wird von *Bischofberger* unter dem Gesichtspunkt der Rechtsstaatlichkeit speziell in bezug auf Art. 5 Abs. 4 MRK[46] bejaht[47].

In der Tat ist die im Rahmen des Art. 15 Abs. 1 MRK mögliche Suspendierung der genannten Konventionsbestimmungen, zu denen ferner Art. 12 MRK (Recht auf Eheschließung und Familiengründung) gerechnet werden kann, auch vor dem Hintergrund einer äußerst bedrohlichen Krisensituation mit den Grundsätzen der „demokratischen Gesellschaft" kaum zu vereinbaren[48], zumal es sich hierbei um keine gegen die staatliche Ordnung mißbrauchbaren „politischen" Freiheitsrechte handelt. Auf der anderen Seite bleibt jedoch zu berücksichtigen, daß die mit der Ausarbeitung der MRK befaßten Gremien den Katalog der notstandsfesten Rechte und Freiheiten in Art. 15 Abs. 2 MRK abschließend festgelegt und sich damit zugleich gegen einen absoluten Schutz weiterer Konventionsbestimmungen ausgesprochen haben. Der somit festzustellende Gegensatz zwischen dem Wortlaut des Art. 15 MRK einerseits und der in der Konvention beschworenen „demokratischen Gesellschaft" andererseits kann — da eine entsprechende Ergänzung des Art. 15 Abs 2 MRK wenig aussichtsreich erscheint — indes dadurch gemildert werden, daß die Konventionsorgane im Fall der Suspendierung einer der genannten Konventionsbestimmungen einen besonders kritischen Maßstab anlegen, wie dies bereits im *Nordirland-Fall* in bezug auf Art. 5 Abs. 4 MRK geschehen ist[49].

---

[45] *Huber*, ZaöRV 21 (1961), S. 662 f.
[46] Art. 5 Abs. 4 MRK lautet: „Jedermann, dem seine Freiheit durch Festnahme oder Haft entzogen wird, hat das Recht, ein Verfahren zu beantragen, in dem von einem Gericht ehetunlich über die Rechtmäßigkeit der Haft entschieden wird und im Falle der Widerrechtlichkeit seine Entlassung angeordnet wird."
[47] *Bischofberger*, Verfahrensgarantien der MRK, S. 231.
[48] So wird das Recht auf Gedanken-, Gewissens- und Religionsfreiheit sowohl im UN-Pakt über bürgerliche und politische Rechte (Art. 18) als auch in der Amerikanischen Menschenrechtskonvention (Art. 12) für notstandsfest erklärt; in letzterer ist ferner das Recht auf Eheschließung und Familiengründung (Art. 17) von der Suspendierung ausgenommen. — Näheres hierzu vgl. im 4. Kapitel unter 5.
[49] ECHR, Application No. 5310/71 (Ireland against The United Kingdom of Great Britain and Northern Ireland), Report of the Commission, S. 101 ff.; European Court of Human Rights, Judgment of 18 January 1978, S. 71 f. — Vgl. hierzu auch 3. Kapitel, 1. b).

Sechstes Kapitel

Die Benachrichtigungspflicht des betreffenden Staates

Gemäß Art. 15 Abs. 3 MRK hat jeder Staat, der von seinem Aufhebungsrecht aus Art. 15 Abs. 1 MRK Gebrauch macht, den Generalsekretär des Europarats eingehend („fully" / „pleinement") über die getroffenen Maßnahmen und deren Gründe zu unterrichten. Dasselbe gilt für den Zeitpunkt, an dem diese Maßnahmen außer Kraft getreten sind und die Vorschriften der Konvention wieder volle Anwendung finden. Art. 15 Abs. 3 MRK stimmt — was auf die teilweise gemeinsame Entstehungsgeschichte[1] hinweist — im wesentlichen mit Art. 4 Abs. 3 des UN-Pakts über bürgerliche und politische Rechte überein. Eine ähnliche Bestimmung findet sich ferner in Art. 27 Abs. 3 der Amerikanischen Menschenrechtskonvention[2].

1. Umfang der Benachrichtigungspflicht

Der Umfang der Benachrichtigungspflicht spielte bereits im *Fall Lawless* eine nicht unbedeutende Rolle. Der Beschwerdeführer war am 11. Juli 1957 unter Anwendung des von der irischen Regierung am 8. Juli 1957 teilweise in Kraft gesetzten Offences against the State (Amendment) Act, 1940 festgenommen worden. Vom Inkrafttreten des Gesetzes hatte der irische Außenminister den Generalsekretär des Europarats in einem Brief vom 20. Juli 1957 in Kenntnis gesetzt, dem die Bestimmung im Wortlaut beigefügt war. In dem Schreiben wurde zum Ausdruck gebracht, daß die Benachrichtigung insoweit als „Unterrichtung" im Sinne des Art. 15 Abs. 3 MRK zu verstehen sei, als die Anwendung des erwähnten Gesetzes möglicherweise eine Suspendierung von Konventionsverpflichtungen darstelle. Ferner wurde darauf hingewiesen, daß die Festnahme von Personen auf Grund des Gesetzes notwendig erscheine „to prevent the commission of offences against public peace and order and to prevent the maintaining of military or armed forces other than those authorised by the Constitution"[3].

---

[1] Vgl. oben in der Einleitung.
[2] Fundstelle vgl. 5. Kapitel, Anm. 94.

6. Kap.: Die Benachrichtigungspflicht des betreffenden Staates

Nach Ansicht des Beschwerdeführers *Lawless* stellte das Schreiben vom 20. Juli 1957 bereits seinem Charakter nach nicht die in Art. 15 Abs. 3 MRK vorgesehene Suspendierungsanzeige dar. Darüber hinaus entsprach es seiner Meinung nach auch nicht den formellen Anforderungen dieser Vorschrift, da es keinen der in Art. 15 Abs. 1 MRK genannten Gründe anführe und außerdem die Art der von der Regierung getroffenen Maßnahmen nicht genau beschreibe.

Die Kommission vertrat in ihrem Bericht die Auffassung, daß Art. 15 Abs. 3 MRK zwar allgemeine Formulierungen enthalte; dennoch seien gewisse Einzelheiten zu beachten:

„A High Contracting Party should notify the Secretary-General of the measures in question without any avoidable delay[4] and must furnish sufficient information concerning them to enable the other High Contracting Parties and the European Commission to appreciate the nature and extent of the derogation from the provisions of the Convention which those measures involve[5]."

In bezug auf das Schreiben vom 20. Juli 1957 stellte die Kommission zunächst fest, daß dieses auf Grund seines offiziellen Charakters und wegen der darin enthaltenen Formulierungen eindeutig als Suspendierungsanzeige im Sinne des Art. 15 Abs. 3 MRK zu qualifizieren sei, für die im übrigen kein besonderes Formerfordernis bestehe. Das Schreiben erfülle auch die sonstigen Voraussetzungen dieser Vorschrift: Die irische Regierung habe den Generalsekretär ohne Verzögerung von der Suspendierung unterrichtet; außerdem komme in dem Brief und dem als Anlage beigefügten Text des fraglichen Gesetzes die Art der getroffenen Maßnahmen hinreichend zum Ausdruck. Wenn auch die wenig detaillierte Begründung des irischen Vorgehens Anlaß zu Kritik biete, so könne hierin jedoch noch kein Verstoß gegen Art. 15 Abs. 3 MRK gesehen werden[6].

Der Gerichtshof kam in seinem Urteil im wesentlichen zu dem gleichen Ergebnis. Hinsichtlich des weiteren, vom Beschwerdeführer *Lawless* erst im Verfahren vor dem Gerichtshof vorgetragenen Arguments, demzufolge die Außerkraftsetzung von Konventionsbestimmungen zur Erlangung innerstaatlicher Wirksamkeit der öffentlichen Bekanntmachung in dem betreffenden Gebiet bedürfe, stellte das Gericht ferner fest, daß die Konvention keine Vorschrift enthalte, die einen Ver-

---

[3] Vgl. YB I, S. 47 f.
[4] Die hier ausgesprochene Verpflichtung zur unverzüglichen Benachrichtigung des Generalsekretärs ist in Art. 4 Abs. 3 des UN-Pakts über bürgerliche und politische Rechte und in Art. 27 Abs. 3 der Amerikanischen Menschenrechtskonvention jeweils ausdrücklich vorgesehen.
[5] Bericht der Kommission, CEDH, Série B, 1960 - 1961, S. 73.
[6] CEDH, Série B, 1960 - 1961, S. 73 f.

1. Umfang der Benachrichtigungspflicht

tragsstaat verpflichte, die an den Generalsekretär gemäß Art. 15 Abs. 3 MRK gerichtete Mitteilung über Suspendierungsmaßnahmen in seinem Land zu veröffentlichen[7].

Im *Griechenland-Fall* hatte die griechische Regierung den Generalsekretär mit Schreiben vom 3. Mai 1967 unter Bezugnahme auf Art. 15 Abs. 3 MRK davon unterrichtet, daß durch Königliches Dekret Nr. 280 vom 21. April 1967 bestimmte Artikel der griechischen Verfassung suspendiert worden seien, und zwar „in view of internal dangers which threaten public order and the security of the State". Die Texte des Dekrets und der suspendierten Verfassungsbestimmungen übermittelte sie dem Generalsekretär am 25. Mai 1967. In einem ergänzenden Brief vom 19. September 1967 unterrichtete die Regierung den Generalsekretär sodann über Einzelheiten der Entwicklung vor dem 21. April 1967, die sie zu ihrem Vorgehen veranlaßt hatte, um schließlich in einem Schreiben vom 20. Oktober 1967 den Zeitplan für die Ausarbeitung einer neuen Verfassung mitzuteilen[8].

Nach Ansicht der beschwerdeführenden Staaten war die griechische Regierung ihrer Benachrichtigungspflicht gemäß Art. 15 Abs. 3 MRK hierdurch nicht in ausreichendem Maße nachgekommen. Sie habe es insbesondere versäumt, auf die von ihr suspendierten Konventionsartikel hinzuweisen, die Texte ihrer Notstandsgesetzgebung vollständig mitzuteilen sowie lückenlos über die von ihr ergriffenen administrativen Maßnahmen zu berichten[9].

Die Kommission, die den Sachverhalt im Lichte der *Lawless-Entscheidung* überprüfte, kam in ihrem Bericht zu dem Ergebnis, daß die Informationspraxis der griechischen Regierung den Anforderungen des Art. 15 Abs. 3 MRK nicht genügte. So seien von ihr eine Reihe von Gesetzesvorschriften einschließlich des Textes der neuen Verfassung von 1968 nicht mitgeteilt worden. Sie habe den Generalsekretär ferner nicht vollständig über die von ihr verhängten Administrativ-Maßnahmen unterrichtet, wozu insbesondere die Freiheitsentziehung ohne Gerichtsbeschluß zu zählen sei. Schließlich habe die griechische Regierung dem Generalsekretär die Gründe ihrer Suspendierungsmaßnahmen erst am 19. September 1967, d. h. mehr als vier Monate nach deren erstmaliger Anwendung, übermittelt. Sie stellte in diesem Zusammen-

---
[7] „Lawless" Case (Merits), Judgment of 1st July 1961, CEDH, Série A, 1960 - 1961, S. 61 f. — Vgl. in diesem Zusammenhang jedoch Art. 4 Abs. 1 des UN-Pakts über bürgerliche und politische Rechte, der die öffentliche Bekanntmachung des Notstandes voraussetzt.
[8] Vgl. YB XII (The Greek Case), S. 33 ff. — In der Folgezeit richtete die griechische Regierung zahlreiche weitere Schreiben an den Generalsekretär, die zum größten Teil Modifikationen einzelner Suspendierungsmaßnahmen betrafen und hier außer Betracht bleiben können.
[9] YB XII (The Greek Case), S. 40.

hang fest, daß die Benachrichtigung der Kommission oder einer Unterkommission im Laufe des Verfahrens nicht als „Unterrichtung" im Sinne des Art. 15 Abs. 3 MRK gelten oder diese ersetzen kann, da hierdurch der durch die Einschaltung des Generalsekretärs bezweckte Publizitätseffekt nicht erreicht werde. Andererseits wies die Kommission darauf hin, daß Art. 15 Abs. 3 MRK eine Regierung nicht verpflichtet, die von ihr suspendierten Konventionsartikel ausdrücklich zu nennen. Die griechische Regierung habe durch die Übermittlung der entsprechenden Verfassungsartikel das insoweit Erforderliche getan[10].

Auf Grund der zitierten Rechtsprechung der Konventionsorgane lassen sich die für den betreffenden Staat aus Art. 15 Abs. 3 MRK entstehenden Informationspflichten folgendermaßen zusammenfassen: Im Falle der Außerkraftsetzung von Konventionsbestimmungen hat dieser dem Generalsekretär hiervon unverzüglich Mitteilung zu machen, wobei eine Verzögerung von 12 Tagen noch nicht als Konventionsverletzung anzusehen ist. Die Mitteilung muß an den Generalsekretär direkt gerichtet sein; eine Unterrichtung anderer Konventionsorgane — etwa der Kommission — genügt in diesem Zusammenhang nicht. Für die Suspendierungsanzeige selbst bestehen keine besonderen Formvorschriften. Voraussetzung ist jedoch, daß der Generalsekretär durch sie hinreichend über Art und Umfang der getroffenen Suspendierungsmaßnahmen sowie deren Gründe informiert wird. Im ersten Fall reicht hierzu die Mitteilung der einschlägigen Gesetzesvorschriften und der entsprechenden Verwaltungspraxis aus, während zur Begründung der Außerkraftsetzung zusätzliche Informationen erforderlich sind. Eine ausdrückliche Nennung der suspendierten Konventionsartikel ist im Rahmen des Art. 15 Abs. 3 MRK nicht erforderlich. Ebenso wenig ist ein Vertragsstaat verpflichtet, die Mitteilung an den Generalsekretär innerhalb des eigenen Hoheitsbereichs zu veröffentlichen.

Eine Darstellung der Benachrichtigungspflicht des Art. 15 Abs. 3 MRK kann andererseits jedoch nicht die umfangreiche Staatenpraxis außer acht lassen, die teilweise erheblich hinter den von Kommission und Gerichtshof in den genannten Fällen gestellten Anforderungen zurückbleibt. Abweichungen lassen sich hier sowohl hinsichtlich der Mitteilung von Suspendierungsmaßnahmen und deren Begründung als auch in bezug auf die von einzelnen Staaten hierfür in Anspruch genommenen Fristen feststellen[11]. Eine Annäherung der Praxis an die von den Konventionsorganen erarbeiteten Grundsätze könnte unter Umständen jedoch dadurch erreicht werden, daß man — entsprechend der von Kommissionsmitglied *Fawcett* im *Griechenland-Fall* in einer *dis-*

---
[10] Ibid., S. 41 ff.
[11] Bezüglich der Fristen vgl. die Aufstellung im Anhang.

senting opinion vertretenen Ansicht[12] — den Generalsekretär für verpflichtet hält, den betreffenden Staat bei mangelhafter Erfüllung seiner Auskunftspflichten durch ein entsprechendes Auskunftsbegehren zu konventionsgemäßem Verhalten zu veranlassen.

2. Verletzung der Benachrichtigungspflicht

Nachdem die Kommission, wie bereits erwähnt, in ihrem *Lawless-Bericht* die Suspendierungsanzeige der irischen Regierung wegen der wenig detaillierten Begründung zwar beanstandet, in diesem Mangel aber keine Verletzung des Art. 15 Abs. 3 MRK und auch kein Hindernis in bezug auf die Rechtmäßigkeit der getroffenen Maßnahmen gesehen hatte, sah sie sich am Ende ihrer Ausführungen allerdings zu folgender Bemerkung veranlaßt:

„In stating this opinion, however, the Commission is not to be understood as having expressed the view that in no circumstances whatever may a failure to comply with the provisions of paragraph 3 of Article 15 attract the sanction of nullity of the derogation or some other sanction[13]."

Die hierin angedeuteten möglichen Auswirkungen von Versäumnissen bezüglich der Benachrichtigungspflicht auf die Wirksamkeit von Außerkraftsetzungen sollen im folgenden näher untersucht werden, wobei zweckmäßigerweise zunächst nach dem Grundverhältnis zwischen Art. 15 Abs. 1 MRK und Art. 15 Abs. 3 MRK zu fragen ist:

Berücksichtigt man in diesem Zusammenhang eine weitere Äußerung der Kommission in dem genannten Fall, wonach die Benachrichtigungspflicht ein wesentliches Element („élément essentiel" / „essential link") im Sicherungsmechanismus der MRK darstellt, ohne das die Vertragsstaaten sowie die Kommission selbst an der Wahrnehmung des ihnen zugewiesenen Wächteramtes (Art. 24 ff. MRK) gehindert seien[14], so könnte man zu dem Schluß gelangen, daß es sich bei der Unterrichtungspflicht des Art. 15 Abs. 3 MRK um ein zusätzliches Wirksamkeitserfordernis für die Außerkraftsetzung von Konventionsbestimmungen handelt. Wie die weiteren Ausführungen jedoch zeigen, wurde die Frage, ob und inwieweit der Benachrichtigung gemäß Art. 15 Abs. 3 MRK ein konstitutiver Charakter zukommt, von der Kommission bewußt offen gelassen[15].

---
[12] YB XII (The Greek Case), S. 44 (unter Hinweis auf die Resolution 56 (16) des Ministerkomitees vom 26. September 1956).
[13] CEDH, Série B, 1960 - 1961, S. 74.
[14] Statement der Kommission vom 16. 12. 1960, CEDH, Série B. 1960 - 1961, S. 335 f.
[15] Ibid., S. 336.

6. Kap.: Die Benachrichtigungspflicht des betreffenden Staates

Von der beschriebenen engen Bindung des Art. 15 Abs. 3 MRK an Art. 15 Abs. 1 MRK ging indessen Kommissionsmitglied *Ermacora* in seinem Sondervotum im Kommissionsbericht über die *Beschwerden Zyperns gegen die Türkei* aus. Unter Hinweis auf die teilweise gemeinsame Entstehungsgeschichte von Art. 15 MRK und Art. 4 des UN-Pakts über bürgerliche und politische Rechte und die identische Zielsetzung beider Menschenrechtsinstrumente vertrat er den Standpunkt, daß das bei der Abfassung des Art. 4 UN-Pakt in verschiedenen Debatten besonders betonte Publizitätserfordernis[16] auch im Fall des Art. 15 MRK zu beachten sei. Die Benachrichtigung des Generalsekretärs stelle daher eine wesentliche Bedingung für die Außerkraftsetzung von Konventionsbestimmungen dar[17].

In demselben Bericht lehnten demgegenüber die Kommissionsmitglieder *Sperduti* und *Trechsel* eine derartige Verknüpfung von Benachrichtigungspflicht und Außerkraftsetzungsbefugnis ab. Ihrer Ansicht nach, die vom Verfasser geteilt wird, hätte es, falls die an der Ausarbeitung der MRK beteiligten Staaten tatsächlich von einem entsprechenden Konzept ausgingen, nahegelegen, dies durch eindeutige Formulierungen in Art. 15 MRK zum Ausdruck zu bringen[18]. Darüber hinaus wiesen sie zu Recht darauf hin, daß in der Vergangenheit die Benachrichtigung des Generalsekretärs in einigen Fällen erst nach der Aufhebung der Suspendierungsmaßnahmen erfolgte, was nicht gerade auf eine unter den Vertragsstaaten bestehende allgemeine Überzeugung von der Bedeutung der Benachrichtigungspflicht in bezug auf Art. 15 Abs. 1 MRK hindeutet[19].

Unter den gegebenen Umständen wird man daher davon auszugehen haben, daß es sich im Falle des Art. 15 Abs. 3 MRK um eine zwar wichtige, im Verhältnis zu Art. 15 Abs. 1 MRK aber autonome Verpflichtung handelt, deren Verletzung nicht automatisch die Unwirksamkeit einer Außerkraftsetzung zur Folge hat[20]. Wann dies ausnahmsweise dennoch der Fall ist, soll im folgenden näher erörtert werden:

---

[16] Vgl. auch die Formulierung „the existence of which is officially proclaimed" in Art. 4 Abs. 1 UN-Pakt.

[17] Bericht der Kommission im Fall der *Staatenbeschwerden Zypern - Türkei* (Nr. 6780/74 und Nr. 6950/75) vom 10. 7. 1976, S. 173 ff. (178).

[18] Dies gilt um so mehr, als in Art. 15 Abs. 1 MRK im Gegensatz zu Art. 4 Abs. 1 UN-Pakt die amtliche Verkündung des Notstandes nicht vorausgesetzt wird.

[19] Bericht der Kommission im Fall der *Staatenbeschwerden Zypern - Türkei*, S. 168 ff. *(dissenting opinion Sperduti* und *Trechsel).* — Zu dem letzteren Argument vgl. die Aufstellung im Anhang.

2. Verletzung der Benachrichtigungspflicht

Nach *Wurst* kann sich ein Staat dann nicht mehr auf Art. 15 MRK berufen, wenn er die Benachrichtigung bewußt unterlassen hat, um auf diese Weise der Aufmerksamkeit der übrigen Vertragsstaaten zu entgehen. Er begründet dies zum einen mit der bereits erwähnten Beeinträchtigung des in der MRK verankerten kollektiven Sicherungssystems und zum andern mit dem Einwand der Arglist, wobei insbesondere das zweite Argument überzeugt: Ein Staat, der einerseits den Konventionsorganen[21] jegliche Information über die bei ihm vorherrschende Notstandssituation vorenthält, kann sich andererseits in einem Beschwerdeverfahren diesen Organen gegenüber zur Rechtfertigung von Suspendierungsmaßnahmen nicht auf Notstand berufen[22].

Im Fall der *Staatenbeschwerden Zypern-Türkei* hätte für die Kommission die Gelegenheit bestanden, über die möglichen Sanktionen einer gutgläubig unterlassenen Benachrichtigung zu entscheiden. Die Türkei war hier ihrer Verpflichtung aus Art. 15 Abs. 3 MRK deshalb nicht nachgekommen, weil sie irrtümlich die Ansicht vertrat, in dem von ihr besetzten Teil Zyperns nicht an die MRK gebunden zu sein[23]. In ihrem Bericht vermied es die Kommission jedoch, zu dieser Frage Stellung zu nehmen, da sich die Türkei ihrer Ansicht nach bereits aus einem anderen Grund nicht auf Art. 15 MRK berufen konnte. Sie war nämlich der Auffassung, daß die Anwendung von Art. 15 MRK in jedem Fall irgendeinen förmlichen und öffentlichen Derogationsakt, wie etwa die Verhängung des Kriegsrechts oder die Ausrufung des Notstands, erfordert[24]. Diese Voraussetzung war in dem Beschwerdefall jedoch nicht erfüllt.

Sperduti und *Trechsel* gingen in ihrer *dissenting opinion* — von allgemeinen Ausführungen abgesehen — ebenfalls nicht auf die Folgen einer Verletzung der Benachrichtigungspflicht ein, sondern befaßten sich ausführlich nur mit dem von der Kommission vertretenen innerstaatlichen Publizitätserfordernis, dem sie unter Hinweis auf den Vertrauensgrundsatz grundsätzlich zustimmten. Ihrer Ansicht nach ist eine Unterrichtung der Bevölkerung jedoch dann nicht erforderlich, wenn die Notstandssituation bereits nach internationalem oder nationalem Recht automatisch gewisse Grundrechtseinschränkungen mit sich bringt. Dies gelte insbesondere für den Fall einer militärischen Besetzung von ausländischem Staatsgebiet. Wenn die Besatzungsmacht unter Beach-

---

[20] Vgl. *Sperduti* und *Trechsel*, Kommissionsbericht, S. 169 sowie *Wurst*, Völkerrechtliche Sicherung der Menschenrechte, S. 80.
[21] Über den Generalsekretär; näheres vgl. in diesem Kapitel unter 3.
[22] Vgl. *Wurst*, Völkerrechtliche Sicherung der Menschenrechte, S. 82.
[23] Vgl. die Zulässigkeitsentscheidung der Kommission vom 26.5.1975, YB XVIII, S. 82 ff. (116).
[24] Bericht der Kommission, S. 162, Ziff. 527 f.

tung der dem Standard des Art. 15 Abs. 2 MRK entsprechenden Vorschriften der Haager Landkriegsordnung und des IV. Genfer Rotkreuz-Abkommens[25] einzelne konventionswidrige Maßnahmen ergreife, so seien diese — auch ohne Bachtung der Formalitäten des Art. 15 MRK — als rechtmäßige Derogationen von den entsprechenden Bestimmungen der MRK anzusehen[26].

Der Gerichtshof hat sich bisher weder zu den Folgen einer unterlassenen Benachrichtigung gemäß Art. 15 Abs. 3 MRK noch zu möglichen Sanktionen eines fehlenden öffentlichen Derogationsaktes im innerstaatlichen Bereich geäußert. Angesichts des festgestellten autonomen Charakters von Art. 15 Abs. 3 MRK sollte eine Verletzung der Benachrichtigungspflicht nur in besonders schwerwiegenden Fällen — etwa bei arglistiger Nachrichtenunterdrückung — zur Unwirksamkeit der Außerkraftsetzung führen. Ob die Suspendierung von Konventionsbestimmungen ferner einen besonderen innerstaatlichen Derogationsakt erfordert, erscheint unter Berücksichtigung der Tatsache, daß in Art. 15 Abs. 1 MRK im Gegensatz zu Art. 4 Abs. 1 UN-Pakt die amtliche Verkündung des Notstandes nicht erwähnt wird, fraglich. Zumindest wird man an eine entsprechende Proklamation keine größeren Anforderungen stellen dürfen als das jeweilige nationale Recht[27].

3. Aufgabe des Generalsekretärs

Gemäß Art. 15 Abs. 3 MRK sind die entsprechenden Erklärungen zwar an den Generalsekretär zu richten. Über die von ihm hierauf zu ergreifenden Maßnahmen wird in diesem Zusammenhang jedoch nichts gesagt. Insbesondere enthält die Bestimmung keinerlei Hinweise, ob und gegebenenfalls an welchen Adressatenkreis der Generalsekretär die Informationen weiterzuleiten hat.

Die Frage wurde akut, als die Mitglieder der Beratenden Versammlung am 21. April 1956 im Verlauf einer Debatte davon Kenntnis erhielten, daß der Generalsekretär seitens der britischen Regierung mit Schreiben vom 7. Oktober 1955 und vom 13. April 1956 über die Außerkraftsetzung von Konventionsrechten auf Zypern[28] unterrichtet worden

---

[25] Vgl. in diesem Zusammenhang die Ausführungen im 3. Kapitel unter 2. a).

[26] Bericht der Kommission, S. 169 ff.

[27] In diese Richtung scheint auch die Tendenz des Gerichtshofs zu gehen, der im *Lawless-Fall* — wie bereits erwähnt — eine Veröffentlichung des Benachrichtigungsschreibens an den Generalsekretär innerhalb des Hoheitsbereiches des betreffenden Staates nicht für erforderlich hielt; vgl. in diesem Kapitel unter 1.

war, ohne diese Informationen an die Beratende Versammlung weitergegeben zu haben. Sie beauftragten deshalb das Büro der Beratenden Versammlung, zu prüfen, ob der Generalsekretär die empfangenen Derogationserklärungen lediglich zu den Akten zu nehmen oder diese an die übrigen Vertragsstaaten sowie das Ministerkomitee und die Beratende Versammlung weiterzuleiten habe[29].

In dem Gutachten des Büros[30] setzte sich der Berichterstatter *Teitgen* zunächst mit zwei Argumenten auseinander, die gegen eine Weitergabe durch den Generalsekretär vorgebracht wurden: Das erste Argument bestand darin, daß es sich bei der in Art. 15 Abs. 3 MRK geforderten Mitteilung dem Wortlaut nach lediglich um eine „information" handele, während die zur Veröffentlichung bestimmten Mitteilungen im Konventionstext als „declaration" bzw. „notification" bezeichnet würden[31]. Diese Unterscheidung, so das zweite Argument, sei auch sachlich gerechtfertigt, da „declarations" und „notifications" Änderungen des territorialen Anwendungsbereichs der Konvention bzw. der Kompetenzen ihrer Organe betreffen, während die „information" in Art. 15 Abs. 3 MRK keine derartige Folgen habe.

Teitgen hielt diese Argumentation nicht für überzeugend, da sie seiner Ansicht nach Art. 15 Abs. 3 MRK letztlich überflüssig macht. Auch führe die strenge Trennung zwischen „information" einerseits und „declaration" bzw. „notification" andererseits im Fall des Art. 15 Abs. 3 Satz 2 MRK zu dem absurden Ergebnis, daß der Generalsekretär die Mitteilung über die Wiederanwendung der Konventionsvorschriften zwar entgegennehmen, diese aber nicht an die übrigen Vertragsstaaten weiterleiten könne. Bei dem zweiten Ablehnungsgrund handele es sich schließlich um ein Scheinargument, da die zeitweilige Suspendierung von Konventionsbestimmungen in einem bestimmten Gebiet durchaus mit der Änderung des territorialen Anwendungsbereichs der Konvention bzw. der Kompetenzen der Konventionsorgane gleichzusetzen sei.

Der Berichterstatter wies ergänzend auf Art. 66 Abs. 4 MRK hin, der den Generalsekretär verpflichtet, den Mitgliedern des Europarats das Inkrafttreten der Konvention, die Namen der Vertragsparteien, die sie ratifiziert haben, sowie die Hinterlegung jeder später eingehenden

---

[28] Vgl. hierzu die Tabelle im Anhang.
[29] Consult. Assembly, Official Reports of Debates, 8th Session, 12th Sitting, S. 362 ff.
[30] Consult. Assembly, 8th Session, Doc. 540. — Vgl. in diesem Zusammenhang auch auch die Ausführungen von *Kiss*, AFDI 1956, S. 680 ff., der zu dem gleichen Ergebnis wie das Gutachten gelangt.
[31] Vgl. in diesem Zusammenhang Art. 25, 46, 63, 65, 66 MRK sowie Art. 4 des Zusatzprotokolls.

Ratifikationsurkunde mitzuteilen, und leitete hieraus die Verpflichtung des Generalsekretärs ab, auch die Art. 15 MRK betreffenden Informationen an die Vertragsstaaten weiterzuleiten. Diese Interpretation des Art. 15 Abs. 3 MRK entspreche sowohl dem Geist der Satzung des Europarats als auch dem der Menschenrechtskonvention und diene der Gewährleistung von Sicherheit und gegenseitigem Vertrauen unter den Mitgliedstaaten. Außerdem gab *Teitgen* zu bedenken, daß es sich bei der MRK nicht lediglich um ein mehrseitiges Abkommen im klassischen Sinne, sondern auch um eine Konvention des Europarats handle. Es stehe deshalb außer Frage, die Organe des Europarats zwecks Ausübung der ihnen zustehenden Kontroll- und Garantiefunktion über alle die MRK betreffenden Informationen auf dem laufenden zu halten.

In einer auf Vorschlag des Büros von der Beratenden Versammlung einstimmig angenommenen Empfehlung wurde das Ministerkomitee dementsprechend aufgefordert, zu entscheiden, daß der Generalsekretär verpflichtet sei, die gemäß Art. 15 Abs. 3 MRK empfangenen Informationen an (a) die Regierungen der Unterzeichnerstaaten, (b) den Vorsitzenden des Ministerkomitees und (c) den Präsidenten der Beratenden Versammlung zu übermitteln[32]. Das Ministerkomitee stellte hierzu fest, daß sich Punkt (a) der Empfehlung bereits auf Grund seiner Resolution (56) 16 vom 26. September 1956[33] erledigt habe, in welcher der Generalsekretär zur Weitergabe der Informationen an die Vertragsparteien und die Menschenrechtskommission veranlaßt worden sei. Bezüglich der Punkte (b) und (c) vertrat es die Ansicht, daß trotz der Nichterwähnung des Vorsitzenden des Ministerkomitees und des Präsidenten der Beratenden Versammlung in der genannten Resolution den Generalsekretär nichts daran hindere, die erhaltenen Informationen auch an diese weiterzuleiten. Andererseits weigerte sich das Ministerkomitee jedoch, eine entsprechende Verpflichtung des Generalsekretärs festzustellen. Es hielt sich nicht für kompetent, Art. 15 Abs. 3 MRK zu interpretieren, und wollte es vermeiden, mit der Nennung des Vorsitzenden des Ministerkomitees und des Präsidenten der Beratenden Versammlung im Zusammenhang mit dieser Vorschrift ein Präjudiz zu setzen oder Argumente für einen Umkehrschluß zu liefern[34].

Seit der Entscheidung des Ministerkomitees werden Informationen, die der Generalsekretär gemäß Art. 15 Abs. 3 MRK erhält, von diesem an die Vertragsparteien, die Menschenrechtskommission und den Gerichtshof[35] sowie an den Vorsitzenden des Ministerkomitees und den Präsidenten der Beratenden Versammlung weitergeleitet.

---
[32] Empfehlung 103 (1956) vom 25. 10. 1956.
[33] Consult. Assembly, 8th Session, Doc. 543, Ziff. 79 - 80.
[34] Consult. Assembly, 9th Session, Doc. 624.
[35] Seit dessen Errichtung im Jahre 1959.

Zusammenfassung und Ergebnisse

1. Ebenso wie die Beachtung der im ersten Konventionsabschnitt gewährten Rechte und Freiheiten unterliegt auch deren Außerkraftsetzung im Rahmen des Art. 15 MRK einer entsprechenden Nachprüfung durch die Konventionsorgane, die weder unter dem Gesichtspunkt des staatlichen „domaine réservé" noch unter dem Aspekt der „political question" in Frage gestellt werden kann. Unter den Verschiedenen den Umfang und die Intensität dieser Kontrolle betreffenden Theorien ist der von Kommission und Gerichtshof vertretenen „Theorie vom Ermessensspielraum" der Vorzug zu geben. Sie geht einerseits von der in bezug auf Art. 15 MRK gebotenen umfassenden Prüfungskompetenz der Konventionsorgane aus, beschränkt diese andererseits jedoch dort, wo staatliche Behörden aufgrund ihrer größeren Sachnähe besser in der Lage sind, im konkreten Fall die Notwendigkeit von Eingriffen in Konventionsrechte zu beurteilen.

2. Der in Art. 15 MRK verwendete Kriegsbegriff setzt voraus, daß es bereits zu militärischen Operationen von größerem Umfang und von gewisser Intensität gekommen ist und sich hieraus eine ernsthafte Bedrohung des betreffenden Staates ergibt. Obwohl Art. 15 MRK nicht zwischen Angriffs- und Verteidigungskrieg unterscheidet, ist davon auszugehen, daß ein Vertragsstaat, der unter Verletzung des universellen Gewaltverbotes einen Angriffskrieg beginnt, sein Recht aus Art. 15 MRK verwirkt hat.

3. Der Notstandsbegriff des Art. 15 MRK setzt zunächst eine außergewöhnliche Krisen- oder Gefahrensituation voraus, die über eine normale Gefährdung der öffentlichen Sicherheit und Ordnung hinausgeht und mit konventionsgemäßen Maßnahmen nicht ausreichend bekämpft werden kann. Die Krisensituation muß ferner gegenwärtig sein oder unmittelbar bevorstehen; die bloße sich abzeichnende Möglichkeit einer zukünftigen Gefahr reicht nicht aus. Eine weitere Voraussetzung ist, daß die Krisensituation in ihren Auswirkungen die Gesamtheit der Bevölkerung berührt. Lokale Krisenherde oder isoliert vorkommende Einzelakte, die keinen organisatorischen Zusammenhang erkennen lassen, genügen insoweit nicht. Eine Besonderheit besteht allerdings bei Staaten, deren Staatsgebiet

keine territoriale Einheit bildet. Die Krisensituation muß schließlich eine Bedrohung für den Bestand der Nation im Sinne der den Staat bildenden organisierten Gemeinschaft darstellen, wobei zwischen einer Bedrohung des Staatsvolkes und einer Bedrohung des Staates selbst unterschieden werden kann.

4. Als allgemeines der Vorbehaltssystematik der MRK innewohnendes Prinzip ist auch bei der Suspendierung von Konventionsrechten das Übermaßverbot zu beachten. Hiernach müssen von mehreren in Frage kommenden Maßnahmen diejenigen außer Betracht bleiben, die von vornherein nicht geeignet sind, den angestrebten Zweck zu erreichen. Aus den zur Verfügung stehenden geeigneten Maßnahmen ist sodann diejenige auszuwählen, die im konkreten Fall den geringsten Eingriff in die Konventionsrechte bedeutet. Schließlich hat eine an sich geeignete und erforderliche Maßnahme dann zu unterbleiben, wenn die damit verbundenen Nachteile in keinem angemessenen Verhältnis zu dem bezweckten Erfolg stehen.

5. Der den einzelnen Staaten in Art. 15 MRK eingeräumte Handlungsspielraum wird ferner durch die Notstandsklausel des Art. 4 des UN-Pakts über bürgerliche und politische Rechte sowohl im materiellrechtlichen als auch im verfahrensrechtlichen Bereich beschränkt. Im Falle eines bewaffneten Konflikts von internationalem Charakter ergeben sich aus den Bestimmungen der Genfer Rotkreuz-Abkommen weitere Einschränkungen. Diese gelten allerdings nur hinsichtlich des durch die Abkommen geschützten Personenkreises.

6. Die von den Konventionsorganen gelegentlich vertretene Theorie von den „inherent limitations" ist im Fall des Art. 15 MRK nicht anwendbar. Dies ergibt sich einmal daraus, daß sie als zusätzliche Gewährleistungsschranke der in der Konvention garantierten Rechte und Grundfreiheiten konzipiert wurde, während sie im Rahmen des Art. 15 MRK die im direkten Gegensatz hierzu stehende Funktion einer Eingriffsschranke zu erfüllen hätte. Zum anderen würde dies voraussetzen, daß die in Art. 15 MRK getroffene Regelung mangels ausreichender in der Bestimmung selbst oder in anderen Konventionsvorschriften vorgesehener Schranken überhaupt Raum für stillschweigend geltende Beschränkungen läßt, was nicht der Fall ist.

7. Obwohl Art. 14 MRK nicht zu den in Art. 15 Abs. 2 MRK für aufhebungsfest erklärten Rechten und Freiheiten gehört, kommt dieser Vorschrift auf Grund der Rechtsprechung der Konventionsorgane in der Praxis die Funktion einer weiteren Schranke des Art. 15 MRK

zu, welche die Vertragsstaaten auch in Notstandsfällen zur Unterlassung von Diskriminierungen verpflichtet. Die Bestimmungen des Art. 17 MRK (Verbot mißbräuchlicher Rechtsausübung) und des Art. 18 MRK (Verbot des „détournement de pouvoir") sind, für sich betrachtet, in bezug auf Art. 15 MRK dagegen im wesentlichen nur von deklaratorischer Bedeutung.

8. Eine besondere Funktion in bezug auf Art. 15 MRK erlangen Art. 17 und 18 MRK jedoch insoweit, als sie — teilweise in Verbindung mit dem „Glaubensbekenntnis" der Präambel an ein „wahrhaft demokratisches politisches Regime" als der Grundlage der Menschenrechte und Grundfreiheiten — über ihren Wortlaut hinausgehend als Schutznorm zugunsten der „demokratischen Gesellschaft" ausgelegt werden, deren Grundsätze sowohl bei der Ausübung als auch bei der Beschränkung von Konventionsrechten zu beachten sind: Schutzobjekt des Art. 15 MRK kann demgemäß nur dasjenige Staatswesen sein, das die Grundsätze der „demokratischen Gesellschaft" verkörpert. Darüber hinaus ist der Begriff der „demokratischen Gesellschaft" auch in bezug auf Art und Umfang der im Notstandsfall getroffenen Suspendierungsmaßnahmen von Bedeutung, und zwar insoweit, als er bei der unter dem Gesichtspunkt des Übermaßverbotes vorzunehmenden Prüfung der Verhältnismäßigkeit von Mittel und Zweck den Wertmaßstab für den Einzelfall darstellt.

9. Die Benachrichtigungspflicht des Art. 15 Abs. 3 MRK stellt eine zwar wichtige, im Verhältnis zu Art. 15 Abs. 1 MRK aber autonome Verpflichtung dar, deren Verletzung nur in besonders schweren Fällen — etwa bei arglistiger Nachrichtenunterdrückung des betreffenden Staates — die Unwirksamkeit einer Außerkraftsetzung zur Folge hat. Ob die Suspendierung von Konventionsbestimmungen ferner einen besonderen innerstaatlichen Derogationsakt erfordert, erscheint fraglich. Zumindest wird man an eine entsprechende Proklamation keine größeren Anforderungen stellen dürfen als das jeweilige nationale Recht.

Anhang

Übersicht über die Staatenpraxis zu Art. 15 MRK*

(Abkürzungen: S = Außerkraftsetzung von Konventionsbestimmungen, V = Verlängerung der Außerkraftsetzung, A = Aufhebung der Außerkraftsetzung, E = Modifikation getroffener Maßnahmen bzw. ergänzende Mitteilungen.)

Staat	betr. Gebiet	Inhalt d. Mitteilung	maßgebl. Zeitpunkt/ Zeitraum	Datum der Mitteilung	Fundstelle (Jahrb., Bd.)
Irland	Landesgebiet	S	8. 7.1957	20. 7.1957	I, S. 47
Großbritannien	Malaya, Singapur	S	18. 6.1948	24. 5.1954	I, S. 48
	Kenia	S	20.10.1952	24. 5.1954	I, S. 48
	Brit. Guyana	S	8.10.1953	24. 5.1954	I, S. 48
	Uganda	S/A	30.11.1953/ 31. 3.1954	24. 5.1954	I, S. 48
	Zypern	S	16. 7.1955	7.10.1955	I, S. 49
	Zypern	E	26.11.1955	13. 4.1956	I, S. 49
	Nord-Irland	S	16. 6.1954 - 11. 1.1957	27. 6.1957	I, S. 50
	Nord-Rhodesien	S	11. 9.1956	16. 8.1957	I, S. 51
	Brit. Guyana	A	23.11.1957	15.12.1958	II, S. 78
	Zypern	E	15. 7.1955 - 17.11.1958	21. 1.1959	II, S. 78
	Zypern	A	3. 3.1959	19. 6.1959	II, S. 82
	Njassaland	S	2. 5.1958/ 1.10.1959	25. 5.1959	II, S. 84
	Aden	S/A		5. 1.1960	III, S. 68
	Singapur	E	1948 - 1959	11. 5.1960	III, S. 74
	Kenia	E	1952 - 1960	19. 9.1960	III, S. 82

Anhang

Großbritannien	Njassaland	E	15. 6.1960	11. 1.1961	IV, S. 38
	Njassaland	A	27. 9.1960	15. 3.1960	IV, S. 42
	Sansibar	S	2. 6.1961/ 10. 6.1961	5.12.1961	IV, S. 44
Türkei	Landesgebiet	S	27. 5.1960	27. 2.1961	IV, S. 54
		A	23.10.1961	4.12.1961	IV, S. 58
		E	2.12.1961	18.12.1961	IV, S. 60
Irland	Landesgebiet	A	9. 3.1962	3. 4.1962	V, S. 6
Großbritannien	Nord-Rhodesien	S/A	Mai 1960/ 1.11.1961	16.11.1962	V, S. 8
	Sansibar	A	20.12.1962	14. 3.1963	VI, S. 32
Türkei	Teilgebiete	S	21. 5.1963	28. 5.1963	VI, S. 28
		V	21.10.1963	25.10.1963	VI, S. 30
		V	21. 2.1964	22. 2.1964	VII, S. 22
		V	21. 4.1964	5. 5.1964	VII, S. 24
		A	21. 7.1964	30. 6.1964	VII, S. 24
				28. 7.1964	VII, S. 26
Großbritannien	Brit. Guyana	S	Febr. 1964	27.11.1964	VII, S. 28
	Brit. Guyana	E	16.10.1964	1. 3.1965	VIII, S. 10
	Brit. Guyana	E	18. 5.1965	12. 7.1965	VIII, S. 12
	Mauritius	S/A	14. 5.1965/ 1. 8.1965		VIII, S. 14
	Aden	S	10.12.1963	30. 8.1966	IX, S. 16

Fortsetzung S. 98

Staat	betr. Gebiet	Inhalt d. Mitteilung	maßgebl. Zeitpunkt/ Zeitraum	Datum der Mitteilung	Fundstelle (Jahrb., Bd.)
Griechenland	Landesgebiet	S	21. 4. 1967	3. 5. 1967	X, S. 26
		E	21. 4. 1967	25. 5. 1967	X, S. 28
		E a)	21. 4. 1967	19. 9. 1967	X, S. 38
Großbritannien	Nord-Irland	E	August 1969	25. 9. 1969	XII, S. 72
Türkei	Teilgebiete	S	16. 6. 1970	19. 6. 1970	XIII, S. 18
		V	16. 7. 1970	20. 7. 1970	XIII, S. 20
		A	16. 9. 1970	19. 9. 1970	XIII, S. 20
		S	26. 4. 1971	30. 4. 1971	XIV, S. 24
		V	26. 5. 1971	7. 6. 1971	XIV, S. 26
		V	26. 7. 1971	27. 7. 1971	XIV, S. 28
		V	26. 9. 1971	27. 9. 1971	XIV, S. 28
		V	26. 11. 1971	29. 11. 1971	XIV, S. 30
Großbritannien	Nord-Irland	E	9. 8. 1971	20. 8. 1971	XIV, S. 32
Türkei	Teilgebiete	V	26. 1. 1972	31. 1. 1972	XV, S. 16
		V b)	26. 3. 1972	30. 3. 1972	XV, S. 16
		A	26. 8. 1973	31. 8. 1973	XVI, S. 20
		A	26. 9. 1973	27. 9. 1973	XVI, S. 22
Großbritannien	Nord-Irland	E	1. 11. 1972	23. 1. 1973	XVI, S. 24
		E	8. 8. 1973	16. 8. 1973	XVI, S. 26

Anhang

Türkei	Teilgebiete	S	20. 7.1974	23. 7.1974	XVII, S. 24
		V	20. 8.1974	27. 8.1974	XVII, S. 24
		V c)	20. 9.1974 – 5.11.1974	26. 9.1974	XVII, S. 26
Großbritannien	Nord-Irland	A	5. 8.1975	12.11.1975	XVIII, S. 16
Irland	Landesgebiet	E	5.12.1975	12.12.1975	XVIII, S. 18
		S	16.10.1976	18.10.1976	XIX, S. 20
		A	16.10.1977	20.10.1977	XX, S. 28
Türkei	Teilgebiete	S	26.12.1978 – 26. 2.1979	27.12.1978	XXI, S. 20
Großbritannien	Nord-Irland	E	1. 6.1978	18.12.1978	XXI, S. 22
Türkei	Teilgebiete	V	26. 2.1979	26. 2.1979	XXII, S. 26
		V/E	26. 4.1979	26. 4.1979	XXII, S. 28
		V	26. 6.1979	25. 6.1979	XXII, S. 28
		V	26. 8.1979	24. 8.1979	XXII, S. 30
		V	26.10.1979	26.10.1979	XXII, S. 30
		V	26.12.1979	21.12.1979	XXII, S. 30

* Auf der Grundlage der im Jahrbuch der Europäischen Menschenrechtskonvention veröffentlichten Mitteilungen gem. Art. 15 Abs. 3 MRK.
a) Bis Dezember 1969 folgen zahlreiche weitere ergänzende Mitteilungen der griechischen Regierung an den Generalsekretär, die hier aus Platzgründen fortgelassen werden — vgl. YB XI, S. 10 ff.; YB XII, S. 38 ff.
b) Die Außerkraftsetzungen wurden um jeweils zwei Monate bis zum 26. 9.1973 verlängert — vgl. YB XV, S. 18 ff.; YB XVI, S. 16 ff.
c) Es folgen Verlängerungen um jeweils einen Monat bis zum 5. 8.1975.

Literaturverzeichnis

Selbständig erschienene Schriften werden im Text mit dem Autornamen bzw. einem Kurztitel, nicht selbständig erschienene mit der Fundstelle zitiert.

Antonopoulos, Nicolas: La jurisprudence des organes de la Convention européenne des droits de l'homme (Leyden 1967)

Ballreich, Hans / Karl *Doehring* / Günther *Jaenicke* / Helmut *Strebel* / Günther *Weiss*: Das Staatsnotrecht in Belgien, Frankreich, Großbritannien, Italien, den Niederlanden, der Schweiz und den Vereinigten Staaten von Amerika (Beiträge zum ausländischen öffentlichen Recht und Völkerrecht, Bd. 31) (Köln, Berlin 1955)

Beddard, Ralph: Human Rights and Europe. A study of the Machinery of Human Rights Protection of the Council of Europe (London 1973)

Berber, Friedrich: Lehrbuch des Völkerrechts, Bd. 2: Kriegsrecht (2. Aufl., München 1969)

Bernhardt, Rudolf: Die Auslegung völkerrechtlicher Verträge insbesondere in der Rechtsprechung internationaler Gerichte (Beiträge zum ausländischen öffentlichen Recht und Völkerrecht, Bd. 40) (Köln, Berlin 1963)

Beyerlin, Ulrich: Die humanitäre Aktion zur Gewährleistung des Mindeststandards in nicht-internationalen Konflikten (Berlin 1975)

Bischofberger, Peter: Die Verfahrensgarantien der Europäischen Konvention zum Schutze der Menschenrechte und Grundfreiheiten (Art. 5 und 6) in ihrer Einwirkung auf das schweizerische Strafprozeßrecht (Zürich 1972)

Bleckmann, Albert: Interprétation et application en droit interne de la charte sociale européenne, notamment du droit de grève, Cahiers de droit européen 1967, S. 388 - 412

Bothe, Michael / Knut *Ipsen* / Karl Josef *Partsch*: Die Genfer Konferenz über humanitäres Völkerrecht. Verlauf und Ergebnisse, ZaöRV 38 (1978), S. 1 - 159

Cassin, René: Droits de l'Homme et méthode comparative, R. I. D. C. 20 (1968), S. 449 - 492

Castberg, Frede: The European Convention on Human Rights (Leiden 1974)

Clarke, H. W.: Constitutional and Administrative Law (London 1971)

Conseil de l'Europe: Convention Européenne des Droits de l'Homme, Manuel (Strasbourg 1963)

Council of Europe: European Convention on Human Rights, Collected Texts (14. Aufl., Strasbourg 1979)

Coussirat-Coustère, Vincent: La réserve française à l'article 15 de la Convention Européenne des Droits de l'Homme, JDI 1975, S. 269 - 293

Doehring, Karl: Die Pflicht des Staates zur Gewährung diplomatischen Schutzes, Deutsches Recht und Rechtsvergleichung (Beiträge zum ausländischen öffentlichen Recht und Völkerrecht, Bd. 33) (Köln 1959)
— Das Staatsrecht der Bundesrepublik Deutschland unter besonderer Berücksichtigung der Rechtsvergleichung und des Völkerrechts (Frankfurt am Main 1976)

Doswald-Beck, Louise: What does the prohibition of „torture or inhuman or degrading treatment or punishment" mean? The interpretation of the European Commission and Court of Human Rights, NILR 25 (1978), S. 24 - 50

Fawcett, J. E. S.: Human Rights and Domestic Jurisdiction, in: The International Protection of Human Rights (hrsg. von E. Luard) (London 1967), S. 286 - 303
— The Application of the European Convention on Human Rights (Oxford 1969)

Feingold, Cora S.: The doctrine of margin of appreciation and the European Convention on Human Rights, Notre Dame Lawyer 53 (1977), S. 90 - 106

Fleisch, Hermann: Die Regelung des Abtreibungsproblems in den Strafgesetzen der Gegenwart, ÖJZ 1955, S. 584 - 588, 605 - 609

Folz, H.-E.: Staatsnotstand und Notstandsrecht (Köln, Berlin, Bonn, München 1962)

Ganshof van der Meersch, W. J.: Fragen von allgemeinem Interesse, die sich für einen Gedanken- und Informationsaustausch eignen. Einleitender Bericht im Rahmen einer Diskussionsveranstaltung zwischen Mitgliedern des Gerichtshofs der Europäischen Gemeinschaften, des Europäischen Gerichtshofs für Menschenrechte und der Europäischen Kommission für Menschenrechte (Luxemburg, 29./30. September 1977), EuGRZ 1978, S. 37 - 45.

Ganter, Hans G.: Die Spruchpraxis der Europäischen Kommission für Menschenrechte auf dem Gebiet des Strafvollzuges. Zugleich eine Untersuchung zum Verhältnis des kommenden deutschen Strafvollzugsgesetzes zu dem europäischen Mindeststandard (Rechtsvergleichende Untersuchungen zur gesamten Strafrechtswissenschaft, NF 49) (Bonn 1974)

Golsong, Heribert: Das Rechtsschutzsystem der Europäischen Menschenrechtskonvention (Karlsruhe 1958)

Guradze, Heinz: Die Europäische Menschenrechtskonvention, Kommentar (Berlin, Frankfurt a. M. 1968)
— Der Stand der Menschenrechte im Völkerrecht (Göttingen 1956)

Herzog, Roman: Das Grundrecht auf Freiheit in der Europäischen Menschenrechtskonvention, AöR 86 (1961), S. 194 - 244

Hesse, Konrad: Grundzüge des Verfassungsrechts der Bundesrepublik Deutschland (8. Aufl., Karlsruhe 1975)

Hinz, Joachim: Kriegsvölkerrecht. Völkerrechtliche Verträge über die Kriegführung, die Kriegmittel und den Schutz der Verwundeten, Kriegsgefangenen und Zivilpersonen im Kriege (Textsammlung) (Köln, Berlin 1957)

Hirsch, Ernst E.: Menschenrechte und Grundfreiheiten im Ausnahmezustand. Eine Fallstudie über die Türkei und die Agitation „strikt unpolitischer" internationaler Organisationen (Berlin, München 1974)

Hoffmann-Remy, Ulrich: Die Möglichkeiten der Grundrechtseinschränkung nach den Art. 8 - 11 Abs. 2 der Europäischen Menschenrechtskonvention (Berlin 1976)

Huber, Hans: Der Hauptentscheid des Europäischen Gerichtshofs für Menschenrechte in der Sache Lawless, ZaöRV 21 (1961), S. 649 - 666

Jacobs, Francis G.: The European Convention on Human Rights (Oxford 1975)

Kiss, A. C.: Les fonctions du Secrétaire Général du Conseil de l'Europe comme dépositaire des Conventions européennes, AFDI 1956, S. 680 - 688

Krüger, Ralf: Polizeilicher Schußwaffengebrauch (3. Aufl., Stuttgart, München, Hannover 1977)

Kunz, Josef L.: Stichwort „Kriegsbegriff", in: Strupp / Schlochauer, Wörterbuch des Völkerrechts, Bd. 2, S. 329 - 332

Lauterpacht, E.: The Contemporary Practice of the United Kingdom in the Field of International Law, ICLQ 1956, S. 405 - 446

Lenz, Carl Otto: Notstandsverfassung des Grundgesetzes, Kommentar (Frankfurt am Main 1971)

Lerche, Peter: Übermaß und Verfassungsrecht. Zur Bindung des Gesetzgebers an die Grundsätze der Verhältnismäßigkeit und der Erforderlichkeit (Köln, Berlin, München, Bonn 1961)

Luard, Evan (Hrsg.): The International Protection of Human Rights (London 1967)

von Mangoldt, Hermann / Friedrich *Klein*: Das Bonner Grundgesetz. Kommentar. Band I (2. Aufl., Berlin und Frankfurt 1957)

Marcus-Helmons, S.: L'article 64 de la Convention de Rome ou les réserves à la Convention européenne des droits de l'homme, RDIC 1968, S. 7 - 26

Maunz, Theodor: Deutsches Staatsrecht. Ein Studienbuch (20. Aufl., München 1975)

— / Günter *Dürig* / Roman *Herzog* / Rupert *Scholz*: Grundgesetz. Loseblattkommentar (4. Aufl., München 1975)

Mayer-Tasch, P. C. (in Verbindung mit Ion *Contiades*): Die Verfassungen der nicht-kommunistischen Staaten Europas (2. Aufl., München 1975)

Meißner, Friedrich: Die Menschenrechtsbeschwerde vor den Vereinten Nationen (Völkerrecht und Außenpolitik, Bd. 24) (Baden-Baden 1976)

Menschenrechte im Staatsrecht und im Völkerrecht, Internationales Kolloquium über die Europäische Konvention zum Schutze der Menschenrechte und Grundfreiheiten, Wien 1965 (Karlsruhe 1967)

Merle, Marcel: La Convention européenne des Droits de l'Homme et des libertés fondamentales, RDP 1951, S. 705 - 735

Meyrowitz, Henri: Le Droit de la Guerre et les Droits de l'Homme, RDP 1972, S. 1059 - 1105

Monconduit, François: La Commission Européenne des Droits de l'Homme (Leyden 1965)

Monzel, Nikolaus: Stichwort „Nation", in: Staatslexikon (hrsg. von der Görres-Gesellschaft) Bd. 5, 6. Aufl. (Freiburg 1960), Sp. 886 - 894

Morrisson Jr., Clovis C.: The Developing European Law of Human Rights (Leyden 1967)

— Margin of appreciation in European Human Rights Law, R. D. H., Vol. VI (1973), S. 263 - 286

Morvay, Werner: Rechtsprechung nationaler Gerichte zur Europäischen Konvention zum Schutze der Menschenrechte und Grundfreiheiten vom 4. November 1950 (MRK) nebst Zusatzprotokoll vom 20. März 1952 (ZP), ZaöRV 21 (1961), S. 89 ff., 316 ff.

Mosler, Hermann: Kritische Bemerkungen zum Rechtsschutzsystem der Europäischen Menschenrechtskonvention, in: Festschrift für Hermann Jahrreiss (Köln, Berlin, Bonn, München 1964), S. 289 - 317

— Stichwort „Kriegsbeginn", in: Strupp / Schlochauer, Wörterbuch des Völkerrechts, Bd. 2, S. 326 - 329

— Rechtsvergleichung vor völkerrechtlichen Gerichten, in: Internationale Festschrift für Alfred Verdross (München 1971), S. 381 - 411

— Nationale Gerichte als Garanten völkerrechtlicher Verpflichtungen. Zum Begriff des Gerichts in der neueren Rechtsprechung des Europäischen Gerichtshofs für Menschenrechte, in: Recht als instrument van behoud en verandering. Opstellen aangeboden aan Prof. mr. J. J. M. van der Ven (Deventer 1972), S. 381 - 390

— Problems of Interpretation in the Case Law of the European Court of Human Rights, in: Essays on the Development of the International Legal Order in memory of Haro F. van Panhuys (hrsg. von F. Kalshoven, P. J. Kuyper, J. G. Lammers) (Alphen aan den Rijn, Rockville 1980), S. 149 - 167

Neuhold, Hanspeter: Internationale Konflikte — verbotene und erlaubte Mittel ihrer Austragung (Forschungen aus Staat und Recht 37) (Wien, New York 1977)

O'Boyle, Michael: Torture and emergency powers under the European Convention on Human Rights: Ireland v. The United Kingdom, AJIL 71 (1977), S. 674 - 706

Oppenheim, Lassa / Hersch *Lauterpacht:* International Law. A Treatise, Bd. 2: Disputes, War and Neutrality (7. Aufl., London, New York, Toronto 1952)

Papadimitriou, Georgios: Die Grundrechte der neuen griechischen Verfassung vom 11. Juni 1975, EuGRZ 1976, S. 150 - 155

Partsch, Karl Josef: Die Entstehung der europäischen Menschenrechtskonvention, ZaöRV 15 (1953/54), S. 631 - 660

— Die Rechte und Freiheiten der europäischen Menschenrechtskonvention (Berlin 1966)

Pellet, Alain: La ratification française de la convention européenne des Droits de l'Homme, RDP 1974, S. 1319 - 1379

Questiaux, Nicole: La Convention européenne des Droits de l'Homme et l'article 16 de la Constitution du 4 Octobre 1958 (Article 15 de la Convention), in: La France devant la Convention européenne des Droits de l'Homme (Colloque de Besançon, 5 - 7 novembre 1970), R. D. H., Vol. III (1970), S. 651 - 663

Robertson, A. H.: Human Rights in Europe, 1. und 2. Aufl. (Manchester 1963, 1977)

Schorn, Hubert: Die Europäische Konvention zum Schutze der Menschenrechte und Grundfreiheiten und ihr Zusatzprotokoll in Einwirkung auf das deutsche Recht, Text und Kommentar (Frankfurt/Main 1965)

Sørensen, Max: Do the rights set forth in the European Convention on Human Rights in 1950 have the same significance in 1975?, in: Proceedings of the 4th International Collquy on the European Convention on Human Rights, Rome, 5 - 8 November 1975 (Strasbourg 1976), S. 83 - 109

Strupp, Karl / Hans-J. *Schlochauer:* Wörterbuch des Völkerrechts, Bde. 1 - 3 (Berlin 1960, 1961, 1962)

Töndury, G. R.: Der Begriff des Notstandes im Staatsrecht (Zürich 1947)

Tremblay, Guy: Les situations d'urgence qui permettent en droit international de suspendre les droits de l'homme, Les Cahiers de Droit 18 (1977), S. 3 - 60

Tscherning, Dieter: Der Standard der Menschenrechte nach dem Menschenrechtspakt der Vereinten Nationen im Vergleich zur Europäischen Menschenrechtskonvention (Diss. Mainz 1969)

Ule, C. H.: Verwaltungsprozeßrecht (6. Aufl., München 1975)

Vasak, Karel: La Convention européenne des Droits de l'homme (Paris 1964)
— La Convention européenne des Droits de l'Homme, complément utile des Conventions de Genève, RICR 1965, S. 365 - 378

Vedel, Georges: Droit administratif (5. Aufl., Paris 1973)

Vegleris, Phédon Th.: Valeur et signification de la clause „dans une société démocratique" dans la Convention européenne de Droits de l'Homme, R. D. H., Vol. I (1968), S. 219 - 242

Vélu, Jacques: Le contrôle des organes prévus par la Convention européenne des droits de l'homme sur le but, le motif et l'objet des mesures d'exception dérogeant à cette Convention, in: Mélanges offerts à Henri Rolin (Paris 1964), S. 462 - 478

Verdross, Alfred: Völkerrecht (5. Aufl. unter Mitarbeit von Stephan Verosta und Karl Zemanek, Wien 1964)

Voisset, Michèle: L'Article 16 de la Constitution du 4 octobre 1958 (Paris 1969)

Waldock, C. H. M.: The Plea of Domestic Jurisdiction before International Legal Tribunals, BYIL 1954, S. 96 - 142

Waline, Marcel: Droit administratif (8. Aufl., Paris 1959)

Walter, Hannfried: Die Europäische Menschenrechtsordnung. Individualrechte, Staatenverpflichtungen und ordre public nach der Europäischen Menschenrechtskonvention (Beiträge zum ausländischen öffentlichen Recht und Völkerrecht, Bd. 53) (Köln, Berlin 1970)
— Die Rechtsprechung des Europäischen Gerichtshofs für Menschenrechte 1959 - 1974, JöR NF 24 (1975), S. 25 - 60

von Weber, Hellmuth: Die strafrechtliche Bedeutung der europäischen Menschenrechtskonvention, ZStrW 65 (1953), S. 334 - 350

Weiß, Claus: Die Europäische Konvention zum Schutze der Menschenrechte und Grundfreiheiten (Dokumente herausgegeben von der Forschungsstelle für Völkerrecht und ausländisches öffentliches Recht der Universität Hamburg, Heft XV) (Frankfurt/Main 1954)

Wengler, Wilhelm: Der Begriff des Politischen im Internationalen Recht (Recht und Staat in Geschichte und Gegenwart, 189/190) (Tübingen 1956)

Wolff, Hans J. / Otto *Bachof:* Verwaltungsrecht I (9. Aufl., München 1974)

Wurst, Otto: Die völkerrechtliche Sicherung der Menschenrechte in Zeiten staatlichen Notstandes — Artikel 15 der Europäischen Menschenrechtskonvention (Diss. Köln 1967)

Zanghi, Claudio: Le riserve della Francia alla Convenzione europea dei diritti dell'uomo, in: Studi di diritto europeo in onore di Riccardo Monaco (Milano 1977), S. 819 - 829.

Printed by Libri Plureos GmbH
in Hamburg, Germany